當全世界誤解你，更不能迷失自己！

勇敢女人，
也可以很可愛

李婉鈺 Adrean Lee
著

——推薦序——

那些你不知道的她

李蒨蓉

李婉鈺讓我又愛又氣，愛她哪些？無須贅述。為何氣她？各位應該比較有興趣。

印象很深刻，某次因為跟老公不愉快，我脫口跟婉鈺抱怨，這位小姐當下替我抱不平，說要找先生理論，為何欺負我？讓我頓時尷尬，趕緊笑笑，假裝沒事，否則我知道她一定會立刻衝去。

婉鈺就是這樣熱血個性，愛朋友甚於自己，總為別人的事拚死拚活，忙到焦頭爛額，為朋友兩肋插刀，義無反顧。

我常常見她整天行程跑下來，忙到晚上九、十點才吃第一餐，看得我好心疼。

我氣她把義氣兩個字當飯吃，能活嗎？

婉鈺的俠女精神只顧別人，不顧自己。

政治這條路上，吃了太多悶虧，我叨念她，蹉跎寶貴青春，值得嗎？

她說每一位選民都是家人，家人的事比自己還重要，她無法辜負、無法放下。

如此般的回答讓我無話可說，想起每當我有事託付於她時，那種可靠、穩妥的安心感，想必就是眾人對她的期待，這些都是促使婉鈺往前衝的動力。

這位看似使命必達的女強人，總是容易被人誤解，劃錯重點，大家習慣聚焦那些八卦，卻忽略了婉鈺的真，她的溫柔、體貼，她的花藝、茶道，其實有顆很會讀書的腦袋，以及身為市議員任期內的建樹。

以上種種，我們這些好朋友都看在眼裡，真的是跟新聞裡那個「李婉鈺」差很大！

話說回來，我很佩服也羨慕婉鈺的勇氣，她總是無所畏懼「做自己」，這次出書我很替婉鈺開心，終於有機會能將那些不為人知化為文字一一敘述，盼望讀者們能摘下有色眼鏡，透過此書走進婉鈺的內心世界，重新認識「真正的李婉鈺」！

也願我們能夠學習她的無私、莫忘初衷、忠於自我，祝福婉鈺出的這本書，啟發更多人重拾勇氣，活出自在、快樂的自己！

——推薦序——

溫暖又真誠的大姊姊

黃小柔

記得第一眼看到這位姊姊，讓我深深體會到，原來女人真的可以同時擁有優雅、秀氣的外表，內在卻有無比強大的堅韌毅力，以及超霸氣的個性，讓剛上來台北打拚的我敬佩不已。

緣分讓我們靠得很近，我住樓上、她住樓下的那些日子，她對我關愛有加，像親妹妹那樣疼愛，真的令我相當感動！

婉鈺姊在我的青春歲月裡陪伴了許久，我們擁有好幾年的美好回憶。不過，認識久了，我對這位姊姊真的是又愛又氣！愛她的義氣，愛她的聰明，愛她的勇往直前；氣她不愛做作、大剌剌的個性，一條腸子通到底，只要是不對的事情，天皇老子都沒在怕！有什麼講什麼，常常替她捏一把冷汗。

在人際關係上，她不擅於保護自己，倒是很會保護別人。一旦有人請她幫忙，只要她答應了，再困難的事情都會使命必達。而她永遠都不會想到自己，讓我們這些朋友與閨密們感到心疼。

這些年來，我走入家庭生活，沒有那麼多的時間與她碰面閒聊。但是，只要有時間，我們都會打電話問候彼此。婉鈺姊總是用她超有元氣的聲音關心我這位身兼數職，無敵忙碌的人。每次只要跟她聊上幾句，什麼憂慮和煩惱立刻就消失不見了。她的正面能量確實療癒了我！很開心看見她要出書了，相信這本書除了讓你更了解她之外，也能感受到，其實她是個非常真誠可愛的女人！願她的分享，能給你帶來一些力量。

親愛的婉鈺姊，請妳繼續無所畏懼的往前衝吧！
這個世界，需要妳把光與熱分享照亮給更多需要妳的人。
要記得好好保護自己喔！
我會永遠替妳加油打氣！

推薦序

比起迷失更重要的事

陳艾琳

認識姊不算偶然，前些年一次友人的牽線，讓我替姊的選民授課。課堂間學生插花的空檔，我不禁思考著，這個能俐落做好自己的作品、時而慰問選民周邊隨行家人，又願意替選民安排這樣的美學課程的政治人物，和我透過新聞認識的是否有所不同？

而幾年後的如今，答應替姊的新書寫序，與其說是因為她陪我創業的義氣和相挺，更想說的是，我比誰都能理解當全世界誤解你時，你有多不能迷失你自己；比起迷失，有更重要的事情要做。

我們堅強，我們無畏，我們不怕別人看待我們的眼光，我們即便在泥沼裡，也能用盡全力證明自己，我們並非他人描述的那樣。

於是那些曾有過的難受都換成了勇敢，而這些故事和過往，姊用文字集結在這本書裡，給你我力量。

—推薦序—

她是我兄弟

黃靜波（George Trivino）

她是我兄弟!!!

她可以為了兄弟兩肋插刀！

發起脾氣也可以插你兩刀！

做起事情絕不馬虎！全力以赴，絕對不能輸！

如果生在古代她絕對是俠女一枚，也搞不好是某幫派大尾。

但活在現代不能裝神弄鬼，她只好認命的回饋社會。

她會認真把你當朋友。你不認真，她會罵你Fuck You！

有時半夜未接她來電，真心希望她沒喝醉斷片。

是好？是壞？各人自有評鑑。

總而言之，她是我的好兄弟！☺

—推薦序—

俠女公僕

陳為民

有段期間，搭飛機是我的主要交通工具。她曾經是空服人員，很貼心的送了一個旅行按摩頸枕給我。而她，原本只是我朋友的女朋友。

她義氣，義氣到結伴去夜店的女友人被人吃豆腐，她直接將壯漢一把推開，完全不記得自己也只是來玩的辣妹。

她義氣，二〇一七年新北市機車戒嚴，隨便攔下「疑似」有改裝或是噪音的機車，就給你一張單子要你請假花時間到監理所去複檢，被冤枉的騎士一大堆，她打給我：「有什麼需要幫忙？怎麼不記得我是公僕？」幾天之後，在板橋集結了近四千位抗議的騎士，隨後新北市的機車戒嚴就結束了。

她義氣，多年來約吃飯都是在那種我從沒去過的高檔店。當我要趁她不注意時偷偷買單，服務員說：「要截她的單是殺頭之罪！」

她從政這事我極不理解！一個漂亮女生，沒事跑來跑去幹嘛？以她的背景和自身條件，大可紙醉金迷，夜夜笙歌！

我愛她，完全理解她有女俠的個性，就算不是公僕，她也是到處替人打抱不平，為了正義幫忙喬事情。

她說：「我只有在政治圈裡面，才能做最有效幫忙的事。」

我認識她絕對比你久，完全清楚她的個性、幹過的事！

人好或壞，鬥陣看才會知道。

不管哪個行業，真心希望像婉鈺這種人，越多越好。

—自序—

分享我的荊棘路，換取你的眞領悟

這是我的第一本書，很多朋友要我寫的書，一本對朋友有情的書。

說實在的，從來不認為自己的人生值得記載、發行，因為一直秉持的，不過就只是，真誠對待自己和他人而已。

從小到大，無論身邊朋友發生了什麼大小狀況，或者需要有個說話對象時，我常是第一個被想到的陪伴者，久而久之，我發現或許是因為自己擁有某些特質，是鼓舞或給人信心的力量？或是老是直直衝撞的傻氣？至少，總會讓身邊的人多了一點無所畏懼做自己，勇敢起來的勇氣。

我不覺得自己的方式是最有智慧、最圓融或最好，但起碼無愧於心，也不會在將來回憶起這件事的時候，對當時的自己感到氣憤懊惱。我想，對得起自己很重要。

梵谷的畫作總能感動我，因為在某些時刻，我覺得自己和他很像，有種對生命毫不保留、用盡全力的熱情，以及愛得炙熱、活得認真的傻勁。

但，一次又一次的碰撞後，我才發現在這個社會走跳，忠誠於自己外，其實也還需要些技巧。在不違心的原則下，透過經驗累積及方法修正，我也慢慢學習圓融，但不是對現實無奈的妥協，而是我知道，自己不是一個人，我需要努力保護支持我，以及願意給予我信任的人。

誰的人生中沒有風雨，更何況是你們都還願意稱呼一聲「姊」的我。

在寫這本書的時候，回首過去，腦海中浮現一句千年定理：「好事不出門，壞事傳千里！」我能想像，那些不熟識我的人，首先聯想到的就是媒體經常渲染的酒醉鬧事、被分手、被悔婚的負面報導……

我的人生不完美，有過黑暗，也留下了傷疤，曾感到迷惘無助，其實就跟大部分的人一樣。

但是，我很真（雖然大部分人認為是傻）！我知道，每做出一個決定，就必然伴隨著犧牲；當我堅定想完成一件事時，就只有義無反顧地向前邁進。

但是，我勇敢！在數算身上的傷疤同時，我沒有陷在自憐自艾的低潮；相反地，經過沉澱反省思考後，我重新奮起，並期盼透過自身經驗後的同理、分享，能為還在黑暗中摸索的你，點上一盞光，提醒你避免走上荊棘的路。

不論是基於什麼動機而翻開這本書的你，我都由衷感謝。感謝你對李婉鈺感到好奇，不管你想要看的是祕辛還是美照（笑），或是你從來沒想到的知性的、感性的我，以及更多你不知道的事，我相信這本書絕對不會讓你失望。

我相信，生命會影響生命，願我曾經被傷入骨的不堪，在轉化成紙張筆墨的輕薄重量後，也能陪伴你、啟發你，或者，只是笑著接受「人生就是如此」也好。

我是李婉鈺，我對朋友有情，對土地有愛，對城市有夢。我覺得現在的自己既勇敢又可愛，這是我給自己的「標籤」，我喜歡現在的自己，希望你也能更喜歡自己。

目錄

Chapter 2

勇敢女人≠可愛女人？

Chapter 1

在工作的舞台上發光

我的空姐夢

我兒時的夢想是環遊世界，嚮往能夠自由自在地在世界各地旅行，長大後想讀觀光系卻未能如願，因為爸爸希望我將來能幫忙家裡的營造事業，而我也乖乖照著他的期望念了土木工程系。但是大學畢業後，我還是放不下心中的旅遊夢，跑去報考中華航空的空服員，並且順利收到錄取通知；經過一連串的訓練後，正式成為一名空姐。

儘管偏離了爸爸精心規劃的人生軌道，讓他不太開心，但他知道終究拗不過我，所以網開一面，答應給我兩年的時間，讓我去體驗一下夢想中的職業生活。

這世上沒有一份工作是容易的，看似人人稱羨的職業，背後也有很多不為人知的甘苦。搭飛機旅遊跟在飛機上工作，完全是兩回事。別以為空服員外表看起來光鮮亮麗，工作內容其實相當繁瑣也非常辛苦，要在狹小的機艙裡送毯子、抱枕、耳機、報紙、備餐、送餐、販售免稅商品……每次服務燈一亮起，一定要第一時間上前了解乘客有什麼需求；在十幾個小時的飛航過程中，乘客可以輕輕鬆鬆地用餐、聽音樂、看影片，或是一路睡到目的地，我們可能連喘息的時間都沒有。

原本對於在天空翱翔、周遊列國的想像，最後變成了一句空服員之間常聊天的話：「今天又從台北走到美國了！」

長期在機艙裡站著工作，不只皮膚會變得乾燥脆弱，我也看見許多學姊、前輩們工作多年後留下的職業傷害，像是嚴重失眠、內分泌失調、子宮後傾……讓我開始認真思考自己未來的職涯規劃。在空中飛了兩年之後，我選擇了解約，最後決定聽從爸爸的話，發揮原本所學的土木工程專長，回到家裡的營造公司幫忙。

雖然擔任空姐的時間不算長，中間還是有許多令人難忘的事情發生。

空服員是一個對於外表和儀態有基本門檻的行業，所以不少男性對空姐都存有想像，甚至期待在空中展開美麗的豔遇。

有的前輩確實在飛機上認識了另一半，而當時號稱「華航七朵花」之一的我，也曾經有被乘客追求的經驗。當年我是必須要到頭等艙販賣免稅商品的菜鳥，有位ＶＩＰ乘客對我一見鍾情，到了曼谷想要請我吃飯，但是我沒有答應，他隔天直接買機票跟著我們原機組飛到荷蘭，並且訂了一家高級餐廳請全部的機組員吃飯。資深的大哥、大姐當然知道這個飯局是為了我而設的，就說他很有誠意，遊說我一定要出席給對方一點面子，我只好同意。吃完那頓飯後，從此我又多了一位談得來的朋友。

但並非每位乘客都是紳士，我同事就曾在飛機上碰到一位男士，在她送上啤酒時趁機觸摸她的屁股，嚇得她尖叫著跑回工作區域！看到這種不尊重女人的行為，我當然無法袖手旁觀，若無其事地走到那位乘客旁邊，面帶微笑地將他手上的啤酒拿過來，當他抬起頭望向我，說時遲那時快，我直接把啤酒倒在他的頭上……

那一瞬間，空氣像是凝結了似的，當那位乘客回過神來後，就開始破口大罵，周遭的乘客也議論紛紛。為了替同事打抱不平，最後我還面臨了差一點丟了飯碗的代價。現在回想起來，覺得自己實在太衝動了！如果重新來過的話，或許我會陪這位受害同事去申訴乘客性騷擾，或是透過其他方式伸張正義吧！但是我並不後悔，畢竟那位伸出鹹豬手的乘客也從中學到教訓了。

當空服員的這段經歷，讓我見識到形形色色的客人，也學會不能以貌取人。像是衣著樸素、看起來不起眼的客人，很可能是頭等艙的ＶＩＰ；一身珠光寶氣的「貴婦」，可能很愛貪小便宜，會不斷地索取飛機上的撲克牌等等小贈品；另一方面，我還學習到「服務至上」的精神，無論乘客提出什麼問題，都要使命必達的幫他處理完成，否則華航對於顧客意見函的懲處是非常嚴格的。第一次參加市議員選舉時，我的競選廣告就是：板橋先生詢問身為空服員的我，是否願意為民眾服務？

時至今日，我的答案依然不變，我會堅定且勇敢地回答：「我願意！」

鈺見初心 Adream

世上沒有一份工作是容易的，
看似人人稱羨的職業，
背後也有很多不為人知的甘苦談，
但請別忘了維持初心，堅持向前直到成功。

「A Dream」一個夢小姐

我在擔任台灣高鐵工程師時，工程團隊裡幾乎清一色是男性，萬綠叢中一點紅，因此備受矚目。

就讀土木工程系時的我，全班五十位同學之中，只有兩位女生，早已習慣這種陽盛陰衰的環境，常常女生只要出一張嘴，那些製作混泥土試體等的粗重工作就有男同學一手包辦。但是，在職場上就不一樣了！

工程師是個相當高壓的工作，對於進度的掌控、施工品質的要求，一點也不容許馬虎。我的工作區域範圍很大，涵蓋苗栗以北的五個工區，經常要到各地區檢查施工品質，並且監督施工進度。

我也曾為了完成北宜高速公路工程，在石碇工地的鐵皮屋住了兩年半。

我每天戴著一頂工程帽，在烈日風沙籠罩下的工地跑來跑去，爬上爬下，忙到沒時間留意周遭的人事物。有一天，我走進某工地辦公室，一位工程師正背對著我使用電腦，走近一看，赫然發現，螢幕上竟然是我的照片！他一轉頭看見我，面紅耳赤地說不出話來。

原來他所瀏覽的網頁是工程師們特地為我架設的網站「一個夢」，這個名稱來自我的英文名字「Adrean」諧音——「A dream」（一個夢）。網站裡大多是有關我的行蹤，像是：「我今天在106K看見『一個夢』小姐，她晚上可能會在這裡吃飯喔。」

這群可愛的理工直男會記錄著每次「捕獲野生一個夢小姐」的過程，並且把透過各種管道所蒐集到關於我的資料上傳，真的是讓我受寵若驚。

「姊，可是曾經風靡高鐵工程師的宅男女神呢！」哈~開玩笑的啦！身為理科女，我對於理工男的這種行為模式早就習以為常了。

我並不在乎自己是否被當作女神，在高壓苦悶的工作環境中，如果我的存在能帶給大家一點歡樂，或是振奮人心的效果，也算是一種貢獻了。

不知是否因為我平常為人海派直率又容易相處，所以有「太陽之女」的外號，有我在就有歡樂，也經常在團體中扮演協調者的角色。這幾年，我不在新北市議會，很多議員都說：「我們新北少了婉鈺，現在都沒有亮點了。」

我的交友不分職業貴賤高低，更不分藍綠，所以我的人緣還不錯。過去在新北市府的各局處人員，如果跟某位議員溝通出現障礙，擔心議員對他們不諒解，也經常會拜託我去和對方協調。在每個會期結束，只要輪到我請客，二十九個局處的首長都會難得地到齊，而每次聚餐我也都會用心安排，找到私廚烹調好料理，大家一邊享用美食一邊輕鬆聊天；我們會討論接下來各局處有什麼工作需要推動，或是大家對城市的願景，常常聊著聊著就激盪出很棒的政策方向。

鈺見初心 Adream

每個人都在群體中擔負著某種功能，
我很樂於扮演協調的角色，
善用我的人緣連結各方，超越黨派，
成為大家的橋梁。

哪「里」需要我，我就在哪「里」

「我家在這『里』，現在在哪『里』？」

每當聽到這句清脆響亮、充滿元氣的開場白，大家就知道，我又來造訪板橋區的里長了。

「里」是最基層的單位，因此里長扮演著很重要的角色。現代人工作忙碌，加上新建大樓住宅大多是社區自治，很多人對自己的里長並不熟悉，也不知道他們其實做了很多里民服務，尤其針對里內改善設施的陳情協調，功不可沒。

「我家在這里」和「板橋好生活」是我的臉書粉絲專頁中，相當受歡迎的單元。我發現很多資深的里長伯、里長阿姨，長年以來熱心公益卻不為人知，所以想用自己擅長的社群媒體，透過六分鐘的影片，向大家介紹每一位熱心公益的好里長，了解他們背後的付出和辛勞，同時也介紹每個里的特色。我想讓更多人知道，板橋具有多元豐富的在地文化，有重視綠化和環保的地區、有古蹟歷史區、美食密集的地區、關心社區永續發展和社會福利的地區、預備翻新的市場區，也有豐富活潑的彩繪景觀。

當初發想「我家在這里」影片時，我的助理向里長們展開邀約，他們一開始不習慣面對鏡頭，都靦腆地說：「麥啦~麥啦！挖ㄟ拍寫啦！」（台語：不要啦！我會不好意思。）或是：「挖口才不好啦……」但是，當他們見到我這位老朋友時，往往話匣子一打開，很快就忘了鏡頭的存在，聊得十分開心。我很感謝里長們對我的熱情信任和肯定。

板橋有一百二十六個里，我跟許多里長都有交情，這是因為我平時接受陳情和會勘，總是要求自己盡可能親力親為，所以非常清楚每個里的狀況，並為地方爭取真正需要的建設；像是溪崑電線電纜地下化、湳仔溝整治、活化435藝文特區、府中捷運站前廣場建設……我做事屬於拚命三郎型，只要有需要我處理的地方，立馬衝第一！用最高的效率把事情完成後，就又繼續投入下一個選民服務。

有位里長提起，某次大颱風，電線桿都倒了下來，我跟我的團隊第一時間趕到現場幫忙，讓他印象相當深刻。當時他看到電線泡在水中，很擔心我們會被電到，但我也沒想太多，只擔心路人經過會有危險，催促著台電趕緊到場處理。另一位里長見到我則是直接豎起大拇指表達對我的支持，並且告訴我這個里不用來拜票，大家都知道這些建設是我做的，他們一定會支持我，要我把時間拿去跑別的地方，讓我非常感動，是忙碌行程中感受到溫暖和開心的事。

里長是第一線接觸民意代表的人，各個議員的為人處事他們最為清楚。綜觀里長們對我的評語：「這個李婉鈺吼，最阿莎力，做事沒話說，有情有義，絕對相挺到底。」語氣一轉，接著惋惜地說：「妳吼～就是給喝酒害了啦！」

我趕緊澄清，「不是啦！酒沒有錯，是我自己太大意，太有自信了啦！以為自己千杯不醉。」

從哪裡跌倒，就從哪裡站起來，感謝各位里長伯、里長阿姨、里長兄弟姊妹的送暖，願意再給我機會，我也會秉持初心，繼續為大家服務，讓大家一起在板橋過更美好幸福的生活！

在我們的生活中有許多習以為常的便利和美好，
是因為有人正在默默付出，
別忘了適時給予他們一些鼓勵與支持。

停不了的選民服務

「大家好！我是李婉鈺，第一屆、第二屆的新北市議員，第三屆因為喝酒鬧新聞落選，現在要參選第四屆，我有認真反省了，希望大家給我機會回來，繼續為大家服務！」

現在，每到各個場合拜票時，我常以這段自我介紹作為開場白。

每次當我如此直白地提起當年的酒醉斷片事件，現場就會傳來一陣笑聲或是向我比讚、為我加油打氣的掌聲；遇到需要唱歌的場合和熱情的民眾，我乾脆點一首〈酒後的心聲〉，或是加碼來一曲〈愛情的騙子〉，自娛娛人。

「誰沒喝醉過啦？」常有人用這句話來安慰我。

以前聽到這句話，我會很驕傲地舉手喊：「右！」

我的好酒量除了遺傳，也是在工地練出來的。擔任北宜高速公路的工程師時，現場的工人大多是原住民，他們一拿到日薪就跑去喝酒，第二天常因為酒醉無法來上工，而我為了不讓工程進度落後，自己就想了一個妙招，請他們留在工地喝，條件是：我陪你們喝，但是要幫我趕工喔！

然後晚上就和他們一起喝酒搏感情。我這人喝酒不囉嗦，米酒頭加咖啡、保力達B配莎莎亞椰奶⋯⋯混酒對我來說是家常便飯，所以後來喝到正常的好酒當然是更不容易醉。

我以前正常的酒量大概是兩瓶威士忌，混酒更是無底線，一般人都甘拜下風，可說打敗天下無敵手，幾乎沒有人看我喝醉過！因為我要是覺得自己喝得差不多了，就會停下來或是把其他在場的所有人都先灌醉，不讓別人有看到我喝醉的機會。

那時為了跑選舉行程，幾乎每一攤都要喝酒。最大攤是雲林同鄉會，總共擺了兩百桌。身為雲林女兒的我，受到鄉親很多的照顧，盛情難卻，所以我一桌桌地敬酒，然後繼續跑攤，中秋烤肉我更一連喝了十八攤。

當天天氣非常悶熱，又碰上生理期，我的身體很不舒服，握手握到肌腱炎，仍然硬撐著跑完了所有行程。沒想到，空腹喝太多，又混了好幾種酒，竟然喝到茫了斷片，連自己都不記得發生了什麼事情。

這是我有生以來唯一的一次，也是第一次，我因為喝酒而失態、出糗。或許在一般人的飯局上，這是司空見慣的事，但發生在我身上，卻成了難以抹滅的汙點，甚至被無限上綱到十惡不赦，是令我始料未及的挫折。

擔任議員這些年，我每天都行程滿檔，常常是早上七點就出門，忙到午夜時分回到家，才有空坐下來好好吃一碗泡麵加蛋。我凡事親力親為，埋頭苦幹，以為自己認真地為了地方做出這麼多改善建設，爭取了許多福利，大家一定都會知道。沒想到，還是很多人只從網路和媒體上認識我；更沒料到的是，競爭對手跑去學校門口和菜市場，散發抹黑我的傳單，將我的政績全部貼上酒醉的照片，抹煞我長久以來在板橋地區的努力，營造對我不利的社會觀感。

雖然這次選舉挫敗了，我仍由衷感謝一路走來始終支持我的人，也深深覺得對不起他們。

回想到四年前這段往事，仍然會忍不住潸然落淚。個人的成敗我勇於承擔，但我卻無法面對支持者們落寞的表情。但是，當我還在努力修復自信心時，選民們對我信心喊話，催促著我趕快振作起來！

我不在議會的這段時間，里長和民眾常常來找我，因此我仍不斷在做選民服務。很多人都知道我的個性，一旦答應幫忙，就一定會做到底。即使沒有公權力，我還是會拜託市府局處承辦人員幫忙處理，必要時也會透過議員好友提供協助。

新冠疫情發生時，超過百位民眾打電話來向我求助，提出像是防疫旅館、隔離政策、疫苗與快篩劑等的問題和需求。我婉轉地請他們找現任議員幫忙比較方便，但他們說：「找妳咖實在！」讓我實在無法拒絕。

過去十年來，我的行程滿檔，從不敢奢望超過三天以上的假期。參選失利後，內心失落的我，怎麼都過不去，經過書店，走進去晃晃，然後就一口氣買了七本東歐旅遊書，把自己想要去的地方都摺起來，隔天就訂了機票直接飛到維也納。到了當地，我租了一輛車子，展開了一個人的旅行。

學建築的人都嚮往著有朝一日能去捷克看看，這次我總算一償宿願了。捷克是個免於戰亂的國家，從未遭受過戰爭的洗禮，因此保留了很多歷史古蹟和建築。走在布拉格街頭，就像是走在歷史的長廊裡，隨意走進一家咖啡館，大文豪海明威曾經啜飲咖啡的位子居然就出現在眼前。

除了捷克，我也走訪了奧地利、斯洛伐克、匈牙利、塞爾維亞、保加利亞、羅馬尼亞等國家，享受一段難得悠閒的時光，甚至還想留在當地，再念一個建築課程。

那時，COVID–19 疫情已經在全球悄悄地蔓延開來。我從台灣的新聞報導得知，許多人站在藥局門口，大排長龍。看到老弱婦孺排隊購買口罩的畫面，我覺得很不忍心，於是開著租來的車子到處蒐購口罩。當時歐洲還沒感受到疫情的威脅，但當地人認為口罩是民生必需品，不應該被少數人收購，所以一次最多只能賣三個。我憑藉著一股傻勁，從捷克布拉格一路一直買到維也納各大小藥局，最後「聚沙成塔」，蒐集到了兩千多個口罩。

為了把口罩分送給需要的人，我提前返回了台灣。剛抵達國門，就聽到西班牙封關的消息，覺得真的非常幸運，因為如果我繼續待在歐洲，也許就回不來了！況且歐洲的飯店非常貴，我一定會破產；而疫情最初發生在武漢，導致有些華人在歐美國家受到歧視，自身的安危也可能受到影響。

我真心覺得做好事就是在種福田，只要心存善念，必有保庇！在滿足別人的需求中，我也看見了自己的價值。只要有人需要我，無論處在哪個位置，我都會盡力替他們服務。接下來，我還想為大家做更多事，心中有很多美好的城市藍圖還沒實現，所以幾番考量之後，決定重返政壇。

為了板橋這塊我成長的土地，為了那些一路上看著我走到現在、始終不離不棄的民眾，我希望發揮更大的力量，回應選民的需要。我希望提升大家的居住環境，改善那麼多老舊簡陋的公寓；我想讓每個里都有日間銀髮俱樂部，替上有長者要照護、下有小孩要照顧的「三明治世代」分憂解勞；為孩子們成立公共托兒所；為醫療量能不足的地區增設醫院病床。我想要創造更多的公園綠地；我想要設立友善動物公園；我想規劃更多的停車位……有太多願景想要實現，有太多人需要我的付出，這些都是我重返政壇的動力。

未來，我還有很多的想法，希望有機會一一實現。

鈺見初心 Adrean

做好事就是種自己的福田，
心存善念，多多行善，必有保庇！

展現整治湳仔溝的決心

大家耳熟能詳的兒歌「我家門前有小河，後面有山坡……」，描繪出河畔人家的幸福畫面，但如果是一條又臭又髒的汙水溝呢？

湳仔溝曾被稱為「板橋母親之河」，橫跨板橋區、土城區，但在民國六、七十年間興建了垃圾場之後，成了一條臭水溝，長達幾十年之久。因為惡臭被附近居民抱怨，甚至被視為都市毒瘤。日復一日聞著難聞的空氣，幾十年下來，除了影響當地人的生活品質，也讓附近居民們擔心，是否含有致癌的風險？

從台北縣到新北市時期，歷經蘇貞昌、周錫瑋到朱立倫三任首長，十幾年來動用了十幾億的經費整治，這條河卻被民眾抱怨越治越臭，完全沒有任何改善。

我認為，改變一條河川，就是改變人們的生活！河川是城市的命脈，在生態和景觀上都非常具有價值，河川的整治和河畔的造景，都應該被視為市政建設的重點。土木工程是我的專業，我相信事在人為，一定能找出問題所在，也一定有解決事情的方法。我去實地探勘，發現積累的淤泥高達三十公尺以上，是造成臭味的主因。地方政府雖然花了很多經費在上面，只是不斷地挖出表面的爛泥，治標不治本，並無法真正解決問題。

針對湳仔溝整治的問題，我前後在議會質詢了六年，甚至每個會期去撈一瓶臭氣沖天的溝水，在議場上拿給當時的朱立倫市長，當面質詢他：「這樣的水，你敢拿來洗手、直接聞、甚至敢喝嗎？」

第二屆市議員任期結束的前一年，我不斷要求市長必須給出一個交代，我在總質詢時還說出狠話：「市長，如果再不撥經費解決問題，我就要在湳仔溝旁邊立一個『遺臭萬年朱立倫』的碑。」

那時我早已經自行籌錢招聘專家，找了土木高手的學長們幫忙，並且邀請台灣技師工會、水利局一同參與，經過十多次的會議討論，研擬出「子母溝工法」。

為了完成這個整治計畫，我積極和地方里長會勘協調，多次在議會質詢時爭取整治經費。運氣很好的是當時的副市長李四川是我在文化大學建築及都市設計研究所的老師，他也是工程高手，他看了我提出的計畫後，覺得好像可行，於是編列兩千萬預算，跟我說先整治一段看看成效，如果行得通，後續再撥出相關預算。

結果，我花了九個月的時間就看見明顯效果，原本混濁的溪溝變得清澈，還有魚兒在水中游。所以接下來我們便成功爭取到兩億五百萬的預算，分三期施作長達三公里的溪段，將湳仔溝整治完成。

十幾年整治不好的湳仔溝，為何我們用有限的經費就能夠達成？這是因為工程技術日新月異，我們運用新的工法，研究出治標又治本的子母溝工法。另外，就是加速汙水下水道接管率，讓汙水分流排除，減少淤泥就會降低臭味問題。當時汙水下水道的接管率很低，所以我們要求優先在湳仔溝周邊接管，一邊整治湳仔溝，一邊改善淤泥排放的問題，就不會像之前一樣，邊挖淤泥邊累積淤泥。

施作汙水下水道的接管工程，必須協調周邊住戶各自退縮三十公分，因此打通了很多被違建堵住的防火巷，原本陰暗的窄巷變得整潔安全，很多里長還加上彩繪來美化四周的環境。

在這個過程中，我展現了最大的決心和毅力，看到這樣的成果，當地居民和里長也從一開始的觀望和遲疑，轉而對我刮目相看。

以前抱怨臭氣薰天的里長們紛紛向我致謝，談到最初我懇求他們給我一個機會時，他們其實並不抱持期待，但是看到我的態度如此誠懇積極，實在難以拒絕，索性看看我到底有多大能耐。沒想到，困擾居民已久的問題，真的被我解決了！

還記得第一次去現場會勘時，有位里長怒氣沖沖地對我說：「你們不要再來作秀啦！每次都一大堆人來拍拍照就走了，根本就沒用！」

我微笑地跟他說：「里長伯，你第一次認識我，就讓我做做看嘛！」

整治完成後，他覺得不可思議，還把這段故事畫在活動中心的鐵皮牆上。後來我從別人口中，聽到這位里長對我讚不絕口，還說：「李婉鈺很奇怪耶！以前一天到晚跑來這裡，整治完後反而不來讓我們感謝一下。她做了那麼多事情，選舉到了，要趕快來拜票啊！」得到里長伯對我的肯定，真的很開心。

我對湳仔溝的作為，曾讓一位名嘴議員誇讚我，說湳仔溝的議題他們碰都不敢碰。大家都知道我就是全心全力在做，在我費盡千辛萬苦後，湳仔溝擺脫了臭名，呈現全新的河岸景觀，有籃球場、自行車道等，讓民眾擁有一個舒服的親水去處。我很慶幸自己當時能夠堅持到底，即使中間經歷了很多波折，也非常辛苦，如今看來都是值得的。

後來選舉到了，有位參選人在湳仔溝旁邊的高樓豎立了一個巨大的看板，旁邊大剌剌地寫著：「整治湳仔溝是×××的職志！」

哇，真的是讓人額頭三條線啊……

在政治圈多的是割稻草尾的人，我只能說，對得起自己就好。

李婉鈺
新北市議員

李婉鈺

鈺見初心 Adrean

事在人為，祕訣是找對方法來解決問題，臭水溝也能變成美麗的河川。

發揮所長，讓城市有夢

「全能住宅改造王」是很受日本和台灣觀眾歡迎的節目，這個節目精彩之處，就在於每每從改造過程中，看見設計師和施工師傅的用心。

對於屋主來說，每一間老房子都充滿了回憶和感情，但已不適合現在的居住條件，所以才會請專家重新規劃。無論是陳年老宅、畸零地上的房子、一家五口擠在一起的狹小房屋，在設計師的巧思和妙手改造之下，成為美觀又有創意的房子，讓屋主感動得幾乎要掉下眼淚來。而當原本老舊的房子展現翻修成果的那一瞬間，坐在電視機前的我也忍不住與屋主一起讚嘆：「哇！真的是太神奇了！」

在節目中，這些設計師會仔細聆聽委託人的心聲，了解他們家中每個成員的性格和生活習慣，然後量身打造合乎一家人需求的居家環境，甚至透過創意，客製化獨具巧思的家具，用心投入的程度，彷彿自己也是這個家庭的一分子。

看重生活，看重美感，看重情感，也看重人的價值，這跟我的價值觀不謀而合，也是支持我完成每一件工作的動力。當我的夢想和許多人的夢想結合一起，在實現的過程中，也等於為別人的夢想，盡了一份心力。

日本建築大師丹下健三曾經說過：「雖然建築的形態、空間及外觀要符合必要的邏輯性，但建築還應該蘊含直指人心的力量。」投入市議員這份工作後，我得以發揮所學的土木工程和都市設計專長，對這片土地、生活在這座城市的人們，做出實際的貢獻。

如同英國建築大師扎哈·哈迪德說的：「我想成為這樣的建築師，讓建築和在城市裡生活的人連接起來。」我希望自己不只是一位土木建築工程師，更像是一位生活工程師，以創造更美好的生活為起點，從建築拓展到環保、交通、教育、文化等議題，替民眾謀取最大的福利。

我從小在板橋長大，一路看著板橋的各種變化，府中站一帶曾經是很熱鬧的地帶，也是許多老一輩板橋人的回憶。隨著板橋舊火車站遷移，改建為府中捷運站，由於交通動線規劃不良，汽機車和大型公車常常擠在一起，人車爭道，大家行走時往往會刻意避開；而府中站周邊的商店街、新娘街也逐漸沒落了，讓我很想發揮所長，重新整頓規劃一番，於是提出了府中園區更新計畫。

二〇一八年，在我的大力推動下，由我和許晉誌先生規劃執行的「府中456改造計畫」，不僅榮獲當年的「國家卓越建設獎」特別獎，也被列為都市再生的優良示範案例。

都市再生和我們常聽到的都市更新不太一樣，是針對一座城市做更全面的規劃，展現全新的風貌。這次得獎的計畫措施包括交通動線、環境改造、城市綠化和美化，從專家們的評論中，可看出四個特色：

一、**顯著改善園區環境的效益**：特別是交通動線的重整，開放空間的改造，帶動周邊商圈發展，並且改善景觀。

二、**富有創意的重現再生機能**：將區內屬於市政府的機關大樓，部分用地變更為廣場，改善空間的應用，規劃府中藝廊、通學走廊等設施，連結新舊商圈。

三、**以巧思規劃運用，營造綠建築**：我們把國際的綠化、美化城市的概念運用在板橋這片土地上，將老舊建築進行拉皮美化，改善當地地標的風貌。

四、**整合公私資源，兼顧後續管理維護**：導入私部門公益團體和社區發展協會，結合在地人的力量，一起投入環境的維護和管理。

這是一個全盤考量當地特色、在地需求、周邊交通等等因素，針對府中站量身打造的計畫案，不僅發揮了我身為建築與都市設計博士的專長，也完成了我多年來一直想做的事。

這麼龐大的計畫，當然不是靠單一力量足以完成，過程中，最困難的是協調各個公部門，希望能獲得他們的支持與幫助。我們拆掉了一棟很少使用的公部門大樓，也特別請求警察局跟民政局退縮讓設一些空地；另有一塊屬於台北市捷運公司的停車用地，很感謝台北市的戴錫欽議員幫忙跨縣市協調，讓我們順利整合了各方資源，這個計畫才得以實現。

還有最困難的電線電纜地下化問題，當時溪崑地區的電線電纜很混亂，天線常混亂交錯出現在空中，令當地居民感到困擾，到處陳情都沒有結果。因為台電預算是屬於立委在審核，地方議員出面和台電溝通常常會碰到軟釘子，但我心想，台電如果不賣我面子，再去拜託立委朋友吧！

不知是否因為我有一點媒體影響力，竟然得到台電的配合。過程中因為大家都不喜歡將電箱裝設在自家門口，我們的做法是把電箱遷到一處公園，順利完成了電纜地下化的工程。

板橋區府中路行人改道路線圖
改道公告
松青營造

讓板橋居民最有感的應該是：府中形塑了一個廣場，常常看到坐輪椅的長者在那邊晒太陽，喝著友善咖啡；道路拓寬了，動線改善了，交通不再壅塞！新增的綠蔭景觀人行步道，一路延伸到浮洲。學校圍牆拆掉變成綠色圍籬，環境更加友善。此外，我們也督促新北市政府拆除地下道，釋出空間來營造都會廣場，並且新增49個停車位，改善停車問題。因為好評不斷，接著又發展出雙城計畫徒步區。

府中商圈的美麗重現之後，讓人們在市中心可以放鬆心情，喝一杯好咖啡。每當我看到有人在這裡晒太陽，小孩盡情奔跑玩耍的畫面，心情就會很好，覺得自己做的事情很有意義。

展望有夢的未來

我一直很喜歡跟美有關的事物，建築其實就是一種生活美學，影響了我們的生活品質。我以府中456改造計畫作為範本，努力將城市美學融入生活，賦予新北市板橋區全新的面貌。

八年的新北市議員期間，我讓板橋改變很多，除了整治湳仔溝、推動府中捷運站周邊更新、電線電纜地下化、活化本來是蚊子館的435藝文特區、做了好幾座共融性遊具的公園，還有一系列的福利政策，像是：

1. 增設公共托兒所、公立幼稚園，希望所有孩子都能免抽籤，直接入學。
2. 爭取育兒津貼補助範圍擴增至四歲。
3. 守護校園安全，杜絕校園安全死角。
4. 輔導社區藥局升等長照A據點、個化，實現「在地老化、健康老化」。
5. 解決中高齡就業中繼，提出銀髮族重返職場輔導辦法。
6. 爭取樂齡戶外運動場地。
7. 增加銀髮俱樂部，家中長輩白天有人照顧，讓青壯世代可以放心去工作。

8. 增設動物友善巴士，打造板橋成為動物友善之都。
9. 加速溪崑浮洲發展，增設台65線往溪浮洲匝道。
10. 持續爭取溪崑浮洲全面電纜地下化。
11. 落實「垃圾不落地」政策，將垃圾轉運站撤離湳仔溝，還給市民一個乾淨的生活空間。
12. 落實社會住宅政策，讓更多人能夠享受便利舒適的「居住正義」。
13. 推廣老人共餐，讓長者享受樂活的老年生活，不孤單。
14. 改裝車不等於噪音車，監理單位及警察聯合稽查時才可取締。
15. 新北市立殯儀館周遭居民回饋金。
16. 提升警察福利，增添出勤設備，提供制服更新和免費健檢升級，爭取到原本的四十歲以上市民兩年一次免費健檢，改為不分年齡，一年一次免費健檢，並且增加能夠測出心血管潛在疾病的運動心電圖。
17. 支持合法改裝，拒絕無理取締，保障機車族權益。

都市建設的意義，是為了提供以人為本、更便利自在的生活空間，這也建立在業者、居民與公部門之間互相協商與配合的基礎上。我原本計畫給自己八年時間完成心中的藍圖，而在擔任新北市議員兩任期間，真的做到了，也讓我更有信心持續做下去。

未來四年，我會持續推動「讓土地有愛，讓城市有夢」的政見，替地方上帶來更便利、更舒適的生活環境。我想幫助辛苦撫育孩子的家長們，都能得到經濟上的後盾與支持，提供孩子們更充沛的教育資源，以及安全的就學環境。

在現今步入的高齡社會，每個家庭都需要更多關心和實質的幫助。家有一老如有一寶，銀髮族應該是一種福氣，而不是負擔，希望大家都可以不為老年生活而憂慮，長輩們能得到更多照顧。此外，打造對動物更友善的環境，也是很多毛小孩家長和我共同的心願。

浮洲、溪崑兩地雖然隸屬於新北市繁榮的板橋區，但因為大眾運輸不方便，只能靠浮洲簡易車站出入，或是搭公車轉乘板南線，導致發展受限。

我希望可以解決交通不便的問題，以及提升「太過簡陋」的簡易車站。

西班牙建築大師拉斐爾．莫內歐曾說過一句話：「對我而言，建築中最令人感興趣的是，當一個設計者發現在他的作品中，具有滿足現實需求的特質，那種實際的有益性。這時你能體會到你的工作對社會是有意義的。」

我期待未來能和大家一起努力，讓板橋成為更適宜居住的城市。希望我所嚮往的美好未來願景，都能夠和大家一起共享和實現！

李婉鈺博士
說到做到
溪崑停車場
我搞定
新北市板橋議員參選
錢都 CHIEN TU
新翔護理之家

遺憾的貓咪用藥事件

擔任議員多年，我經手過不少民眾陳情的案子，越來越體會到，每件事情都有不同的面向。一旦牽涉到不同立場的人，所謂的「正義」往往不是我們所看到的表相，有時候「以正義為名」的事，背後卻是缺乏同理心與周詳的思考，甚至會造成無法彌補的遺憾。

分享一個這陣子發生的真實案例，事件主角是一位合法的貓咪培育業者，他本身是一位愛貓人士，只培育單一品種的加菲貓，十幾年來，累積了良好的信譽。

有位飼主（事件陳情人）向這位業者購買了一隻小貓咪回家，過了保固期，飼主發現小貓咪得到腹膜炎，回來找業者，要求他負責。

貓咪腹膜炎是具有致命性的疾病，但是台灣卻沒有合法進口的藥品可使用，一旦貓咪罹病就只有兩條路：一是看著牠生病，二是想辦法取得非法進口的藥品。試問，如果您面臨這個抉擇，會選擇放棄？還是鋌而走險也要挽救毛小孩的性命？我本身是愛貓人，對我的貓兒子視如己出，完全能同理業者和飼主想要竭力挽救貓咪的心情。

儘管救治貓咪是現任飼主的責任，但是愛貓的業者也無法見死不救，只好在網路上訂購針劑來救治貓咪，結果在藥品使用上觸犯了灰色地帶。原本他們的出發點都是要挽救貓咪的性命，沒想到事後飼主竟然要求業者負擔全部的醫療費用。

雙方對此沒有達成共識，飼主抓住了業者冒險使用藥品的弱點，四處檢舉陳情，不惜用誇張的手法來攻擊業者。後來某位甲議員見縫插針，挾著動保議題的聲量開始猛攻業者，不給業者任何澄清說明的機會，並且向動保處施壓，要求祭出嚴懲；除了開出十萬元的罰單以外，還不斷重複稽查，讓業者不堪其擾。但是，那位議員仍然不願罷手，進一步要求主管機關撤銷業者的營業執照。

甲議員不斷咄咄逼人，還在議會質詢時公布業者名稱，導致這名業者和家人遭到網路霸凌，信譽毀於一旦。以往向他購買貓咪的飼主，明明貓咪很健康，也紛紛跑來要求退貨，讓他幾乎面臨斷炊。

這位業者在面對訴訟時，另一位乙議員了解狀況後為他發聲，甲議員卻作秀過了頭，將炮火轉向乙議員，指控關說，演變成兩位議員互告的局面，也模糊了事件的焦點。

事情並未就此落幕，後來這位甲議員又把焦點放在「寵物保固期」的議題上，實際上還是把箭頭指向了寵物業者。這一點我認為真的要審慎為之，必須有辦法排除可能的道德風險，才能進一步研擬出可行方案。畢竟寵物可是一條條活生生的生命。

面對該位議員的窮追猛打，業者自始至終只有挨打的分。眼見自己幾十年來建立的心血付之一炬，這位業者不堪受辱，決定以死明志，走上了絕路。

我不能理解，為何一個陳情案會把人逼上絕路，讓一個家庭就此破碎！一般處理陳情案時，我們會找陳情人、陳情對象、相關局處人員，了解各自的訴求和困難，開協調會，想辦法找出一個適當的解決方案，尋求圓滿的解決之道。但是，在這個事件中，我看見一連串不當的處理過程，導致一條寶貴的生命失去，令人惋惜。

無論是面對飼主或是業者的陳情，身為議員都應該站在客觀的立場來釐清問題，協調兩造找出解決方案，而不是覺得有「炒新聞價值」就預設立場，扮演上帝判人生死，窮追猛打。

這個案子民意代表真正該處理的核心問題，應該是檢討現行的寵物用藥法規。台灣目前沒有合法進口的藥品可以使用，如果深入思考這個問題，我們應該檢視現行的動物用藥法規，能拯救貓咪性命的藥品，在國外明明可以合法使用，為什麼在台灣卻只能眼睜睜地看著心愛的貓咪等死呢？如果您是獸醫師、業者，甚至飼主本人，遇到這樣的問題，會如何做呢？

其實在動物醫療界，因為動物藥品的法規限制，為了救寵物一命而遊走在灰色地帶早已是公開的祕密。不只貓咪腹膜炎，近日狗兒的癌症用藥也有觸法爭議，深究問題的核心，就是藥品法規與現實脫鉤。但是介入協調的議員一味指控寵物業者違法，完全不考量上述背景因素，甚至沒有進一步處理核心問題，讓我感到很訝異。

如果這位寵物業者當初來找我，我會促成三方協商，或許他仍必須付出被罰款的代價，但可以藉此讓動保處正視這個問題，並且研擬出解決方案。

不幸的是，事件主角已經離世，這樣的結果讓人感到沉痛，也突顯了民意代表在處理陳情案時，真的需要經驗與智慧。

很多事情都是一體兩面，每個人各有不同的立場。參與公眾事務，我們要盡可能顧及各方需求，協調出彼此都能接受的解決之道。很多政策的推動也是如此，舉例來說，中醫師公會曾經反映過，應該發給合格中藥師執照，比照西醫有西藥師幫他們配藥的配合服務，但卻沒人替他們發聲，因為這個提案可能會擠壓到傳統中藥行的業務，所以必須有完整的相關配套。

問政不靠嗆聲

英國政治家與哲學家埃德蒙．伯克有句名言：「惡人會得逞，是因為好人袖手旁觀。」讓我深有共鳴，也是促使我從政的理念之一。

有時候，民意代表為了替民眾爭取權益，為了爭取地方建設突顯議題，在質詢官員時，必須拿出強勢的態度來。但並不是每個在議場嗆聲的民意代表，都能言之有物；有些打著正義旗幟的人，不一定是在伸張正義。這可能只是他們的「人設」，將自己設定為「正義使者」，將對立的一方視為「惡意敵方」，將其妖魔化，搞得人人得而誅之。

我曾看過某些議員在質詢時，不斷大聲喝斥市長或官員，但是當被質詢者認真回答問題時，台下的議員仍然不停地嗆聲，跳針重複著相同的問題，不讓台上的人回答，自顧自地說著：「你無法回答是不是？你說清楚啊！」明明就是他們不讓人家回答啊！每次看到這種獨角戲，真是讓人哭笑不得，完全沒有問政品質可言。

站上質詢台之前，我一定會事先做好功課和充足的準備，蒐集各方意見和資料，並且讓主政官員有好好答覆的機會，再針對他的回應提出質詢。提出一個議題時，清楚陳述自己的意見和訴求，是我一貫秉持的問政風格。

問政絕對不是比誰的聲音大、誰的拳頭更有力。理性質詢，才能聚焦在問題本身，或許因此缺乏聳動的話題性，沒有新聞畫面，但是更能夠達到實質效果，真正地解決民眾的問題。

問政品質很重要，我呼籲大家平時不妨多去看看民意代表的質詢表現，很多民意代表都會在臉書粉絲頁分享自己的質詢影片，立法院、議會的網站也都看得到所有民意代表的質詢影片，只要稍微比較一下，就知道誰是真的用心在做事，誰只會靠嗆聲作秀來搏版面。做事比作秀更重要，沒有實質內容的嗆聲作秀，儘管可以賺到一時的聲量，但終究禁不起時間的考驗。

在工作中，我時常提醒自己保持同理心，不要做個濫好人，也不要為了追求一時的聲量和光環，偏袒某一方而忽略了另一方的權益。追求共好，是我一直以來的最高原則。

「時間決定你會在生命中遇見誰，你的心決定想要誰出現在你的生命裡；而你的行爲，決定最後誰能留下。」

——梭羅

因為工作的關係，我遇到形形色色的人，看見了人性的美好與黑暗。每個人都有單純善良，也有複雜深沉的一面，不同的人與人之間會碰撞出不同的火花，所以這個世界才會如此精彩。而我始終相信，人才是台灣最美麗的風景。

歡迎
婉鈺議員
重返議會
進階民代
為民發聲

找到問題的真正核心，

努力尋求共好的解決方案。

倡導機車平權，展現騎士精神

有一次，我在阿里山一家景色優美的路邊咖啡，遠遠地看見一群重機騎士，有一位騎士看見我，對著我揮手大喊：「哈囉！婉鈺姊！遇見妳好開心。」我也熱情地和他打招呼。

結果，他停好車走過來，拿下安全帽一看，是一位七十歲的不老騎士。

被比自己年長的帥氣阿北叫姐，雖然有點尷尬，但已習以為常。我的好友陳為民開的重機店很有名，由於他總是叫我婉鈺姊，所以騎士們無論年紀大小，都習慣跟著叫我「婉鈺姊」。

重機騎士對我的熱情與支持，來自於我是少數關心重機權益的議員，並且不遺餘力地為他們發聲。

二〇一六年，新北市政府為了取締夜間噪音車，把所有疑似改裝車及重機一律攔下，警察因為無法辨別，拿著掃把就對著排氣管亂捅。或是只要目測覺得你的車子排氣管角度不同，或哪裡怪怪的，就會直接開單，要求車主去監理所檢查，由監理所來認定是否違法改裝。很多上班族因此要請假去複檢，證明自己的車子沒有問題，這項措施效果不彰又相當擾民，我的服務處因此收到了很多人的陳情。

我也是重機族，完全能夠理解那種把愛車當作心肝寶貝的心情。我主張「改裝車不等於噪音車」，對於新北市政府採取的無分別取締措施，大力抨擊，覺得根本是進入「機車戒嚴期」。

當時，我打算邀請五十位重機騎士到議會會議室，向市府相關單位溝通陳情，結果在臉書一ＰＯ出訊息，當天竟然來了將近四千人。原本預定的會議室根本無法容納那麼多人，趕緊臨時商借江翠國小的操場。

當天，蔡易餘立委也邀請交通部官員來到現場，和新北交通局一起聽取騎士們的陳情意見。讓我印象深刻的是，記者會結束後，大家都非常安靜且遵守秩序地離場，沒有留下任何垃圾，在爭取權益的過程中不吵不鬧，理性地表達自己的訴求，真正發揮了騎士精神。

台灣的重機文化起步較晚，重機愛好者在台灣算是少數族群，他們的權益經常受到忽視，修法和施行都跟不上世界的腳步，常常讓重機族受到不平待遇，彷彿被視為二等公民。

在合法的店家買設備也合法繳稅，改裝卻變成違法變造並不合理，希望交通部傾聽民意研擬相關法規，讓情況有所改善。

不只是重機族群的權益被忽視，一般機車在路權使用上也受到限縮的問題，他們笑稱自己是「二輪賤民」。

機車族在台灣是大宗，但為什麼很多路段都不能行駛？像高鐵站、桃園國際機場和小港國際機場等地，一律禁止機車進入。另外，有的地區設有左轉待轉區，有的地區完全沒有；還有像是忠孝西路上機車不能騎，變成要多繞路……這些交通管制不一致，造成機車騎士困擾，也容易導致交通事故的發生。而雖然重機騎上國道和區間測速的政策受到各方關注，政府卻沒有公開透明的討論與決策過程。

其實早在二〇一七年法令就通過重型機車可以上國道，但交通部卻僅開放部分路段試行，要作肇事率的評估。

根據內政部警政署國道公路警察局一年的統計，A1、A2的事故別重機的肇事數量是0，小於新北市政府警察局台64線的肇事數量十件、小客車的十五件。重機與汽車同時行駛造成的危險實際上遠不如政府所擔心的肇事率，但為什麼沒有進一步開放呢？

我接到最多的陳情是「廢除待轉區」，因為在待轉區發生車禍的機率很高。此外，機車族常面臨交通規定不合時宜的問題。以前凱達格蘭大道不能騎機車，但後來阿扁總統執政時期開放行駛，也沒有因此造成交通事故增加。還有最實際的，就是機車停車問題。

二〇二二年七月九日，台灣機車路權促進會舉行了交通解嚴大遊行，遊行隊伍從台北的花博公園集合出發，行經中山北路、南京西路、重慶北路、忠孝西路，一路抵達凱達格蘭大道會場。

這次活動的主要訴求是：省道全面開放機車行駛、廢除道路交通安全規則第九十九條、開放民眾參與交通決策、全面廢除區間測速、改善道路工程，希望交通部因地制宜，不能把雞毛當令箭，該有的左轉車道就要有，該收回的路肩就要拿回來規劃行人通道。

日前新北市已公告廢除重新橋機車道的區間測速（因事故不減反增，效果不彰，也飽受批評），這是一個好的開始，希望其他地區也能夠跟進。

談了這麼多，只是機車族面臨的問題冰山一角而已。因為處理機車族的陳情，我持續關心機車的平權議題，也在臉書粉絲頁宣導相關資訊。我還邀請過知名網紅——攝影師火花羅和重機玩家鬼爪 Vape、Ride、Life 接受直播訪談，暢談重機族的心聲。我希望透過自己的努力，給車友們多一個發聲的管道，爭取重機的國道路權、二行程古董車的合法權益、左轉代轉區及區間測速等被民眾罵爆的錯誤設施，希望相關議題能被有關單位重視，並且做更深入的討論及改善。

今後，我會持續關心這個議題，監督政府擬定合理的政策，還給機車騎士們應有的權利。

CD-99

CD-99

雲林鄉親一家親

我爸爸是雲林縣水林鄉人，媽媽是新北市板橋人；雲林是我的故鄉，板橋是我成長的地方。

我阿公林崁是雲林的大地主，名下的田地大到巡田時要騎馬才能走得完。當時農業社會希望人丁興旺，所以阿公一生娶了四位老婆，總共生下十九個小孩，組成了一個龐大的家族，不管走到哪裡，都有我們家的親戚！

財力雄厚的阿公，三七五減租時，慷慨地將田地送給家裡的長工們，至今仍傳為地方上的美談。他平時對待員工極好，為人處事受到眾人景仰，後來又造橋鋪路，在地方上擁有很高的聲望。我們這些後代子孫也因此受惠，在雲林一帶，經常受到鄉親們的禮遇和尊重。

以前幫阿公工作過的人，現在有的開了服飾店；有的開小吃攤，見到我時總是叫我「大小姐」，並且熱情招待。從小我就聽聞阿公的種種事蹟，他騎馬的身影也深深烙印在我心裡，是我心中的「偉人」。從他身上，我發現對人樂善好施就像是種下福田，讓子孫蒙受恩澤。

受到阿公庇蔭，我從小就很吃得開，每當我看見有人被欺負或需要幫助時，一定會見義勇為地伸出援手。大家知道我的個性，有事情都會來找我主持公道，不知不覺，只要有我罩，弱勢的孩子也就不再受到欺負了。

每次回雲林，原本打算當天來回，常被同鄉邀約一起吃中餐。中餐過後，他們又叫我多留一會兒吃個晚餐再回去；吃完晚餐，大家聊著聊著，他們就會說，開到高鐵站來不及了，乾脆多住一晚吧！倘若沒帶換洗的衣服，經營服飾品牌的朋友，還會叫我去他店裡挑衣服。

隔天，往往又有新的邀約出現，經常被一留再留，超出預計的行程。

這就是雲林人的熱情啊！每當我要選舉時，很多居住在雲林的長輩們都會打電話給住在北部的親友，請他們務必支持我這個「雲林的女兒」，讓我感到非常暖心。

馬路上停著兩輛發生車禍的車子，一輛是賓士，一輛是福特，兩位車主正為了肇事責任而爭執不休。他們怒氣沖沖地站在路邊，嚷著要叫警察來。警察來到現場後要求雙方拿出行照和身分證，一看到對方的身分證字號都是P開頭，原本怒火中燒的兩人，瞬間變得和顏悅色。

賓士車主率先打破了僵局：「你雲林人喔？」福特車主點點頭，然後賓士車主立刻豪氣地說：「那我們就各自處理啦！好不好？」最後兩人還聊了起來，講起自己是雲林哪個地方的人，互留名片才離去。

「你保重啦！有需要隨時打給我。」賓士車主拍拍福特車主的肩膀說。

原本不愉快的車禍事故，因為彼此是雲林同鄉，而獲得圓滿解決。

這是一個真實故事，而類似的故事，在雲林人身上不斷溫馨上演。

說起南部人的熱情，雲林人可說數一數二。雲林人很團結，出門在外遇見同鄉，很快就會拉近了彼此的距離。雲林鄉親重情重義，既然是自己人，當然要互相照顧啊！

「人不親土親。大家都是雲林人，出外要互相照顧。」這是長輩們常掛在嘴邊的話，爸爸也從小叮嚀我，「出外要是遇到咱雲林人有需要幫助，一定要給人家照顧。」

雲林從前是台灣最窮的地方，所以很多人提著一卡皮箱就來到北部打拚，賺來的錢再寄回鄉下給老父、老母，所以北漂的雲林人很多。只要聽到對方是雲林人，就會聊起自己在故鄉是哪個鄉、哪個村、讀哪間小學，東牽西扯，總是能連結到共同認識的親戚或朋友。

每次選舉，我都感受到雲林鄉親的熱情和溫暖。有時候，長輩一通電話：「婉鈺是我們雲林人，要多支持她喔！」比我親自跑二十趟請託還有用。

有一次，我特地去拜訪一位在地的企業大老闆，可能因為找他的政治人物很多，感覺他只是禮貌性回應，態度並不熱絡。

後來，我回雲林時遇到一位長輩，聊到那位大老闆；幾天後，原本對我不太搭理的那位大老闆打電話給我：「妳那天來找我，怎麼不說妳是水林人？某某是我的親戚啊！我一定會幫忙妳的。」結果他不但大方贊助我，還讓我在他的房子掛上宣傳看板，同時還幫我牽線介紹其他朋友，讓我拓展了更多人脈的資源。

爸爸常告訴我，做人要飲水思源，不能忘本，受人點水之恩，必湧泉相報。

他那一輩的雲林人，無論後來移居何處，都對故鄉懷有一份深厚的情感，對於回饋鄉里，更是不遺餘力。我爸爸參與的「台北雲林同鄉總會」，每年會帶著三百多人的醫療團隊，回到雲林的各個學校活動中心做兩天四場的義診，每場至少有五百人來排隊健檢，受惠的鄉親非常多！而新北市雲林同鄉會也是年年返鄉捐贈學子獎助學金。

出社會之後，我加入了青商會，這是由四十歲以下青年組成的國際商會。我在二〇一一年擔任新北青商會會長時，同期各代表新北市十六個鄉鎮的會長，因為彼此感情深厚而義結金蘭，稱為「十六帖」。每一次我需要幫忙，還沒開口，他們已經站出來。當我競選時，他們去我的競選總部輪流值班，在板橋各個社團幫我拉票，甚至我當時的男友要出來競選時，他們也開車到雲林去找相關的朋友幫他拉票。能夠有這群情同手足的結拜兄弟姊妹，真是幾輩子修來的好緣分啊！

這幾年我們成立了「雲林同鄉二代會」，想要延續父執輩的精神，凝聚北部雲林年輕人的力量，互相扶持，回饋母縣。成員以六、七、八年級生為主，每年我們會舉行兩天一夜的返鄉行程，做一些公益活動，輪流到雲林的兩個鄉鎮捐贈老人共餐、獨居老人送餐、行動沐浴車、老人食堂……等。許多老人家看見我們非常開心，甚至感動到流淚。他們說因為兒孫大都在外地工作，很久沒有這麼多年輕人關心他們了。

上一代對故鄉的情感，提醒了我，不要忘記自己來自哪裡，更不要忘了自己是誰。

我曾遇到一位雲林二代，一聽口音就知道是雲林人，卻跟我說：「我……是台北人，但我爸好像是雲林人。」一問之下，得知他的爸爸雖然來自雲林，但他因為從小在台北生長，對於雲林並沒有特別的記憶。有鑑於此，我每次辦公益活動都順便帶他們去山線海線玩一圈，讓大家更認識父母生長的故鄉，看看美麗的風景，品嘗道地小吃，認識故鄉之美。

雲林同鄉二代會日益成長茁壯，這幾年來已經累積了幾百位會員。我們這群來自各行各業的雲林囝仔，秉持著父執輩互相扶持的精神，團結互助。此外，我也希望雲林人熱情互助的美德，能夠藉由我們的努力，一代代地延續下去。

雲林同鄉二代會

珍惜今天，牢記昨天，創造明天。
這股感恩的力量，是一份美好的傳承。
其實當你幫助別人的時候，
你自己也正在被幫助的船上。

成爲別人的光

有一天，我正在掃街拜票時，突然有位先生很熱心地跑進隊伍中，賣力地幫我拉票；一問之下才發現，他是我板橋國小的同學。

對方滿懷感激地跟我說：「當初要不是妳幫我付學費，我不可能有現在的成就。」

這位小學同學，現在已是知名的室內設計師；若不是他主動提起，我早已忘了曾經幫他付學費的事。

小時候，他的家境不好，家人沒錢繳學費，老師就號召班上同學們捐款幫忙。我回家後，立刻從媽媽平時放錢的抽屜裡，偷偷拿走了幾千元，直接幫他付了學費。

記得當時學校還表揚我，得到孝悌楷模。但我一點也沒把這件事放在心上，只是很開心能幫忙別人解決問題，讓他順利地跟我們一起上學。

事後，硬著頭皮告訴媽媽，她不但沒生氣，還叫我以後要繼續幫他，我也從未希望他歸還。沒想到多年以後，他會特別跑來支持我，還一再向我道謝。他知道我正遭遇挫折，所以前來替我加油打氣，告訴我：「其實妳做的事情，大家都看在眼裡，我很佩服妳的勇氣和決心，妳一定要加油。」

他的出現讓我備感溫暖，也鼓勵我要持續去做助人的事。

替台灣第一長人找鞋

有一天，我看見一則新聞報導，一位人高馬大的保全先生，在追捕竊賊時不慎摔車，扭傷了腳。

媒體記者採訪他時，他不是描述抓賊過程，而是一開口就說：「怎麼辦？我有一隻鞋子不見了！」請大家幫忙尋找他的鞋子。

他是台灣第一長人張金國，國中時身高突然快速抽長，一直長到二百二十公分。高人一等的身材造成生活中的種種困擾，他的座椅、床墊都要訂做，買不到合身的衣服，更找不到合腳的鞋子。他的三雙鞋已經穿了八年之久，鞋底的顏色一塊深一塊淺，都是經過多次修補的痕跡。

他因受傷裹著石膏的左腳，根本塞不進拖鞋裡。因此，他的願望就是有人能贊助他鞋子，擔心腳傷好了，卻沒有鞋子可以穿出門。「什麼時代了，怎麼可能會有人沒鞋可以穿？」我心想。

看見他一臉焦急的模樣，我立刻請助理跟他聯繫，一邊寫信去美國Nike、Puma的總公司，詢問是否有為籃球明星特製的大尺碼球鞋，請他們幫忙訂製，解決張金國無鞋可穿的窘境，結果這些品牌統統都回絕了。

儘管一開始就遭遇到困難，我還是鍥而不捨地想辦法解決他的難題。後來，我的一位雲林同鄉大哥出手相助，他是一家DK氣墊鞋的老闆，他聽說了這件事後，特別花了十幾萬元開發楦頭模，特製出好幾雙不同款鞋子，包括運動鞋、休閒鞋、皮鞋、拖鞋，讓張金國終於不用再擔心無鞋可穿。

張金國受傷時，堅持不願到醫院治療，在我努力勸說下才同意就醫。我去醫院探病時，他看見我非常開心，說他從來沒有一次擁有過這麼多款鞋子，興奮地告訴我：「我要趕快把腳傷養好，就可以穿著這些鞋子出門了。」

幾個月後，他又不小心跌倒，我幫忙協調安排他到板橋署立醫院治療，直到痊癒才回家休養。

張金國的身體狀況一直不太好，也因為經濟狀況不好而不喜歡就醫，醫師囑咐患有糖尿病的他要多注意健康，定期回診。後來，我得知他因為心血管病變在家猝死的消息，很是意外！我特別交代團隊同仁要幫忙處理後事，也親自去靈堂上香。想到他在另一個世界將不再受到肉身限制，也不必為鞋子煩惱，我雙手合十，誠心祝福他一路好走。

擔任市議員的八年期間，我做過無數的選民服務，也種下了一些善因。還記得第二任市議員選舉時我在文化路上成立競選總部，現場竟然來了四千多人，這種造勢活動聚集的人群通常最多一千多人，看到當天熱鬧的場面，真的讓我好感動！

人群中，有個人突然叫出我小時候的乳名，原來是在我板橋家附近開美容材料行老闆的孩子，他又告訴我一個我差點忘記的小故事。

他說，以前他被一個街上的大哥哥欺負，是我救了他；他為了答謝我，經常貢獻我整包的橡皮筋，讓我可以跟同學玩跳高的遊戲。

從小，我就喜歡路見不平、拔刀相助，當初也是憑藉這樣的心情投入政治舞台。正義感，我是一輩子都不想改變的初衷。

政壇冷暖如人飲水

政壇是個比任何工作場所都更現實的地方，投入民意代表的工作後，我看到許多政治人物的起起落落，也飽嚐了人情冷暖。當朋友得意時，我不一定會錦上添花，但是他們遇到困難時，我一定會雪中送炭。

有次凱達格蘭基金會餐會上舉辦了一場拍賣，包括前總統陳水扁的書法字畫也在其中。當時阿扁總統被關在獄中多年，大家似乎資源耗盡，因此任憑站在台上的主持人蔡丁貴和黃越綏喊破了喉嚨，喊到三十萬元，始終沒有人出價。

我看了於心不忍，就請辦公室主任去把這幅字給買下來。

隔年大年初一，阿扁前總統特地打電話給我，祝賀我新年好，謝謝我的支持。當時我正在開車，聽見他的聲音，一時百感交集，忍不住流下了眼淚。後來，阿扁總統出書，還送了一套簽名的給我，讓我十分感動。

這兩年即使失去了市議員的身分，很多民眾仍然會來找我幫忙，尤其疫情期間，很多人向我反應，傳統快篩劑要捅鼻子老人和小孩很不舒服，希望我能幫忙推廣口水快篩劑。

本來想可能要花很多錢購買，沒想到一些朋友知道後，紛紛表達想要贊助的意願，包括我的鄰居在我出門遇到時問我：「婉鈺，妳是不是在做幫老人小孩的口水快篩？我捐兩萬！」很快地，就累積到了幾千份的數量，幫助了不少的人。

我相信只要做對的事情，就能吸引更多的人參與。為了理想，我積極參與各種公共事務，並且運用自己的資源，默默耕耘了許多年，努力成為一個對社會有貢獻的人。

四年前落選時，我把自己關在家裡，完全不想出門，沉潛了好長一段時間。後來，我終於想通了，我不想讓自己被沮喪的心情給打倒，也不願意看到自己變得畏懼、自卑、憤世嫉俗，喪失了鬥志。

當全世界都誤解我的時候，我更不能迷失自己。過往生命中遇見的每個人，無論他們帶給我的是好與壞，我都當作是生命給我的禮物。

今年三月，我舉辦了一場生日茶會，感謝我的支持者們，並且宣告以無黨籍身分參選下屆板橋區市議員。

板橋是我從政的起點與初衷，「對朋友有情，對土地有愛，對城市有愛」是我的競選口號，我想告訴所有人：「我不會辜負大家對我的提攜，我會再站起來，做更多的好事來回饋大家！」

英國作家王爾德說：「我們都生活在陰溝裡，但仍有人仰望星空。」我很喜歡這句話。當我陷入黑暗深淵時，似乎也遺忘了，自己原本是個有光的人，還曾經用微亮的光芒照亮了別人。當我終於走出黑暗，站在大家面前時，我希望能徹底發揮自己的力量，成為別人的光！

鈺見初心 Adream

把自己活成一道光，因為你不知道，
誰會藉著你的光，走出了黑暗。

——泰戈爾

Chapter 2

勇敢女人≠可愛女人?

小獅王教育

從小，爸爸就在大家族中長大，阿公的四位老婆和十九個孩子都住在一起，大家相處得十分和睦。在眾多兄弟姊妹中，我爸爸天資最聰穎，從小就是個學霸，高中念台南一中，跟前立法院長王金平是同班同學，前總統陳水扁是他的學弟。大學時他考上台北醫學院，是北醫第二屆的高材生，因上台北而認識了我媽媽，一位板橋出了名的大美女。

儘管念完了醫學院，爸爸卻沒能穿上白袍成為懸壺濟世的醫師。在阿公一聲令下，他返鄉接管家族的營造事業，幫忙阿公在地方上造橋鋪路，雲林、嘉義一帶很多重要的公共建設都是我們家承作的。

我的兄弟姐妹都不是公眾人物，只是一般的平凡上班族，他們之中有工程師、建築師、護理師、牙醫、音樂工作者。自從我成為政治人物後，一舉一動都被人放大檢視，每當有關我的爭議新聞出現在媒體上時，都讓家人很擔心，會主動打電話來了解事情的原委。但是從政八、九年下來，他們發現事實往往和那些聳動的標題不同，也就見怪不怪了。他們也很了解我的個性和為人，給予我絕對的信任與支持。

「小獅子想變成獅子王，就要靠自己的力量爬出山谷。」這是我爸爸教育小孩的哲學，他認為孩子要經過一番考驗才會成材，就像獅王訓練幼獅一般，必須先狠下心把牠們推到山谷裡，靠著自己的力量爬上來的，才是王者的孩子，未來也才有王者之尊。

我爸爸可說是一位嚴厲的「獅爸」，對我們的管教與要求非常嚴格！我從小受到的家庭教育是為人處事要顧全大局，懂得替旁人著想，而不是「只要我喜歡，有什麼不可以？」

雖然我們家的環境還算富裕，但是沒有一個孩子變得嬌生慣養。我記得小時候吃木瓜，如果沒吃到靠近瓜皮苦苦的地方，就會被「巴頭」，害我再也不敢浪費食物！我讀國中時學校明明沒有嚴格髮禁，爸爸還是規定我只能留著耳下一公分的學生頭，對於服裝儀容的把關，比學校教官還嚴格。

在爸爸的管控下，我從小沒翹過課，是個標準的乖乖牌、品學兼優的好學生，在體育表現上也很出色。我還擔任樂隊的口風琴樂手和啦啦隊長，在學校出盡了鋒頭。

爸爸不只對我們的要求很高，他也以身作則，十分自律。他從事公共工程工作時，經常清晨五點鐘就到工地，對於進度和施工品質的任何小細節都抱持嚴謹的態度來處理。受到他的影響，我在工作上時常用最高標準來檢視自己。

考大學時，我聽從爸爸的意見，放棄了一心嚮往的觀光科系而就讀土木工程。後來到美國南加大讀書，回來幫忙工程。在工作上，我越做越有心得，又繼續在文大攻讀建築與都市設計學系，取得了碩士和博士學位。

台北

二〇一〇年，我以「美女刺客」之姿，當選新北市議員。走上從政之路，這個生涯規劃超乎了爸爸原本的預期，但這是我自己選擇的道路，因此我一步一腳印的付出，努力替地方爭取建設，解決各種問題，而這些過程爸爸都看在眼裡，有時也會給予我一些建議。

有句話說：「身在公門好修行。」成為民意代表，面對很多事情都需要妥協，處世要更圓融冷靜。

小時候我覺得爸爸太過嚴格，現在卻很感激他，因為他把我教育成一個做事細心、負責任，不輕易被挫折打敗的人；讓我面對工作挑戰時能不畏艱難，認真地做好每一件事。即使身處在複雜的政治圈中，我也沒有迷失自我。雖然我曾墜落在人生低谷，仍謹記著他要我爬出山谷的勇氣，期許自己再度登上山巔。

非關愛情之烏龍事件

我的個性愛恨分明、正義敢言，做人坦蕩，談戀愛時也是光明正大，並不在乎戀情曝光。我很不喜歡媒體擅自替我編故事，曲解我的人生。尤其是我的感情世界，經常成為記者筆下的八卦題材。

有人說，男女之間沒有純友誼，個性大剌剌的我，並不認同。我跟前立法委員張碩文是一起長大的青梅竹馬，也是無話不談的好朋友。

我們相識時是小學五年級，當時我週末常回雲林老家，碩文則會到我北港的家學畫畫，兩個同年齡的孩子，很自然地就熟稔起來。

我們的家庭環境不太一樣，我阿公是雲林大地主，待人處事深得人心，替他工作的人都非常敬重他，整個家族在當地很受禮遇，我從小也就比較吃得開。

碩文是來自山線莿桐鄉的偏鄉兒童，小時候的他又瘦又黑，穿著破舊的衣服，頭上還常貼著狗皮膏藥，被同伴笑稱是「臭頭猴仔」，甚至被丟石頭。

天生就正義感爆棚的我決定挺身而出，規定大家都要跟他玩，誰都不准再欺負他，我向大家宣告：「張碩文就是我李婉鈺罩的！」

長大成人的張碩文判若兩人，早已不再是那個瘦弱的庄腳囝仔，反而成了呵護我的哥哥。當我受委屈時，他是讓我可以放心哭訴的對象，即使我偶爾還是會虧他：「要不是我罩著你，你長得大嗎？」但心裡其實對他存著一份信任和依賴。

家庭背景迥異的我們伴隨著彼此成長，我們後來都走上了政治這條路，生活中許多不足為外人道的心情，對方都能理解，讓我們成為互訴心事的對象。

小時候遭到霸凌時，我見義勇為搭救了他，結下幾十年的情誼。長大後，我們有段時間不常見面，因為工作領域不同，他那時候也已經貴為立法院黨團書記長，也少有接觸的機會。

有一陣子，他在官場有些失意，回到家鄉種田。我回雲林時特地去探望他，聽他說說心事，也給了他一些鼓勵。

這份相互扶持的兄妹情，卻被媒體描繪成「霧裡看花的曖昧情」，每當看到這個標題時，我都快笑翻了，簡直是天大的烏龍啊！

尤其，當我因為擔心他的安危，而不慎讓自己身陷「襲警風波」，又遭到媒體斷章取義的渲染報導時，真是無語問蒼天。

那天晚上，碩文傳簡訊給我，寫道：「心情不好，睡不著，想吃藥⋯⋯」我馬上打電話關心，勸他不要亂吃藥。我知道他有睡眠障礙，有時會藉由藥物助眠，這類藥物長期下來容易成癮，但他不吃藥就睡不著，劑量越吃越重，令我非常擔心。

沒想到打了幾次，他的電話都不通。我的腦海中開始浮現種種負面揣測，擔心他是否吃了安眠藥昏倒了？或是發生什麼危險？

憂心之際，他又傳簡訊來，上面寫道：「在醫院。」我更著急了，接著他又傳來：「看電視。」

沒頭沒尾的幾則簡訊，真的嚇壞我了！

以我這麼急驚風的個性，怎麼可能會袖手旁觀?!當然是先衝去醫院再說。沒找到他，立刻轉往他的住家。

我在門外按了好幾次門鈴都沒有回應，內心更加著急，擔心他可能昏厥而失去意識。若是我轉身離開，不就成了最後收到簡訊，卻沒有伸出援手的那個人？如果他真的有什麼不測，我一定不能原諒自己。

倘若設身處地想想我當時的心情，就能理解我做的事情，是出於人之常情，今天換成是你，應該也會這樣做吧？何況我們是有幾十年交情，親如兄妹的好友。

我一心只想確認他的安危，就在我焦急地按門鈴卻無人回應的短短十幾分鐘內，事情演變成他的鄰居出言辱罵我，乃至後續的「襲警事件」。

後來我才得知，當天親民黨主席宋楚瑜的母親過世，碩文接到通知立即去協助處理後事。正在誠心助念的他，在太平間根本收不到手機訊號，才會造成後續一連串的誤會。經由這件事，我也深刻地反省自己，未來遇到任何事情都要冷靜沉著地應對才行。

襲警風波之真相大白

襲警風波不僅重創我的形象，也讓我看見人性的黑暗面，內心受到很大的衝擊。

張碩文於事後發出聲明：「……請原諒因關心從小到大的朋友有生命危險，而打擾到鄰居和警察朋友。」

人與人之間，如果多一份體諒與包容，很多事端就不會發生。

回顧案發當時，他的鄰居對我公然侮辱：「妳是花痴嗎？幹嘛一直來這裡找他？」我根本不認識她，但她卻以如此不堪的言語羞辱、挑釁我，導致我們之間發生激烈爭執。

到場協調的兩位警察，其中一位身材較高大，態度還算友善，他從背後拉住我的雙手；而另一位員警，不但沒有去拉開那位言行脫序的鄰居，還面對著我抓住我的右手，期間不斷用他的手肘刻意來回磨蹭我的胸部，根本是性騷擾，讓我覺得很不舒服。我叫他把手放開，他卻一邊嚼著口香糖一邊輕佻的回我：「不然咧！」但我當時被兩位員警一前一後地架住，完全無力反抗，只覺得恐懼、羞辱、無助……

這位吃我豆腐的員警被電梯監視器錄到，甚至毫不忌諱地說：「讓我遇到李婉鈺耶，當然要把事情鬧大啊！」聽到這種不懷好意的話，讓我不禁背脊發涼，這真的是我們的人民保母嗎？

果不其然，事情不但鬧上媒體，也讓我被告上法院。在訴訟過程中，所有能還原真相、對我有利的影像證據，竟然全都「被消失」了。

明明每位警察胸前都有密錄器，這位員警卻說混亂中被我扯掉，所以無法提供影片。令我納悶的是，如果錄影器材被扯掉，應該是全部影像都沒有了，怎麼會獨獨某些片段不見，而其他片段卻仍然留存著。這太不合常理了吧？

這位一開始就存心針對我的員警，訴訟過程中還獅子大開口，向我索取百萬和解金，並對代表我去協商的哥哥說：「叫你們議員錢付一付啦，否則她以後選舉會很難選喔！」讓我非常傻眼。他對我尚且如此，若是相對弱勢的一般民眾，會受到怎樣的對待？讓我不免感到心驚。

儘管有許多疑點有待檢察官調查釐清，張碩文也出庭作證說明事情發生的原委，審判結果未必會對我不利。當時我期待司法能夠還我公道，但我的律師卻努力說服我接受協商。因為警察一旦穿上制服，他的言行就被概括認定為執行勤務，即使失當也具有正當性。無論在法庭上或從大眾觀感來看，我都處於不平等的地位。

這個案子受到媒體和大眾的過度關注，讓我領悟到擁有公權力者應該受到更高的監督，否則就會成為欺壓人民的惡勢力。而真理有時難以越辯越明，繼續訴訟下去，即使法律還我公道，我所承受的輿論傷害恐怕得不償失。所以，即使滿腹委屈，我還是接受了律師的建議，選擇為自己設下停損點。

對我而言，這樣的妥協無疑是一個痛苦的決定。因為有人民保母的制服作為保護色，所以被不當對待的民眾就注定得忍氣吞聲嗎？我深刻體會到女性在面對男性員警時，相對弱勢的處境。碰到孔武有力的男警在壓制女性的過程中，無論是趁機還是不經意觸碰到女性的胸部、臀部、腰部等身體部位，恐已涉及猥褻及性騷擾的行為，到底該怎麼做才能保護自己呢？我真的不知道。而無論我是否遭到不合理對待，甚至性騷擾，最後還是被判決妨害公務罰款十九萬，真是令人感慨萬千。

我衷心希望每位員警能夠自我尊重，畢竟穿上制服就擁有國家賦予保護人民的權力，否則民眾的權益誰來保障呢？

我曾為警察爭取許多福利，把警察同仁當作家人一般，即使遇見這種離譜的事件，我仍相信大多數的警界朋友們，都是克盡職守、有為有守的人。這次事件後我也收到許多警界朋友的關心，而我依然把他們當作好朋友，因為我始終相信「日久見人心」！

女人要有好閨密

在人生道路上，陪伴我們最久的未必是親密愛人，而是在你需要時就會出現的好姐妹。

我的閨密都是交往一輩子的知心好友，我們一起從少女成為輕熟女、美魔女；看著彼此從單身到結婚、生子，甚至是離婚。我們一起瘋一起笑，也一起走過流淚的日子。當對方迷惘時，我們會毫不客氣地當頭棒喝；當對方受傷時，毫不吝嗇地伸出雙手，獻上溫暖的抱抱和心疼的呼呼。

當我突然「被分手」而陷入憂鬱時，我把自己鎖在家裡，吃不下也睡不著。我躺在床上，忍不住淚流滿面，做任何事都提不起勁來。

閨密知道我的個性是傷心難過時不會找人傾訴，說什麼我都聽不進去。只能靠時間來療癒，沉澱心情，等到自己想通了、看透了，才會真正走出來。

她們都知道我家的門鎖密碼，每天輪流買餐點來看我，叮嚀我要記得吃東西。到了我家，她們會默默把食物留下，補充好冰箱裡的飲料，順便幫我打掃一下家裡，然後自己默默的離開。

那段時間的我，差一點就溺斃在悲傷裡，還好有善解人意的她們做我的浮木，撐住我，度過覺得人生了無生趣的低潮期。她們的默默付出，讓我非常感動。

我的閨密大多是美女，無論發生什麼事情，在什麼身分狀態，我「規定」她們都要保持美美的。平時相處時我比較強勢，但心腸最軟的其實也是我。大家都知道我很講義氣，平常對待閨密也是如此，只要她們之中有人需要幫忙，我一定是兩肋插刀，二話不說地挺到底。

以前還在使用MSN的年代，很容易在無意之中發現誰的男友出軌了，遇到這種緊急狀況，我們都會陪著當事人一起去找對方理論，有次甚至找上出軌對象，給那個女的一拳，落下一句：「那個爛男人送給妳！」就踩著高跟鞋，大搖大擺地離去。

在市議員選舉期間，她們組成了粉紅兵團，陪著我一起掃街。其中一位朋友是外省二代，她在夜市裡拿著大聲公替我拉票，聽到她不輪轉的蹩腳台語，把「候選恁」講成「候選郎」，全場哈哈大笑。有的閨密為了陪我跑行程，不惜「拋家棄子」，到了應酬場合，就豪邁地跟男人拚酒，為我積極拜票。跑完一輪行程後，她們看見我的認真和辛苦，更加疼惜我，經常為我加油打氣。

不只是這群死黨，我在板橋國小田徑隊的同學，在大雨天帶著環保袋，來到我的競選總部，裝滿了好多文宣品，去幫我四處發放、拉票。有群模特兒好友，知道我缺人手，主動在板橋各捷運站出口幫我發文宣。他們都是高人一等的俊男美女，自然引起路人的注目。

我的好妹妹黃小柔，知道我不擅長造型，之前看見我為自家品牌拍攝的宣傳照，主動傳簡訊給我，說：「ㄟ，美人魚！妳的照片不行喔！」

她建議我，保養品廣告應該要訴求女生喜歡的形象，然後主動去服飾店幫我挑衣服、做造型、安排攝影師拍照，拍出來的成品讓大家都十分讚賞。現在，A Dream 網站上的美照，都是出自於她的巧手。而她為我做這些事情，連車馬費都堅持不收。這些來自四面八方的好友在我需要的時候，不吝伸出援手，讓我揪感心。看來，我平時做人還算是不錯吧！

假面閨密現形

我的初戀男友是一位偶像歌手，在我們交往的七年中，抱持粉絲心態而崇拜他的小女生很多，我早就習以為常了。我們從學生時代就認識，他追求了我三年，我們才從朋友變成情人，對於彼此非常了解。後來，我們一起創業，也有結婚的計畫，感情基礎相當穩固，我對則是他百分百的信任。

當時，公司裡有個小辣妹，我把她當成妹妹看，她經常跟我借名牌包包、服飾，我都會很大方地出借，還會送她東西，幫她打扮，希望她能交到條件好的男友，對她毫無防備之心。沒想到，她勾引的對象竟是我的男朋友！

另一位閨密，我絲毫沒察覺到她對我有瑜亮情結，後來才知道，她一直抱持競爭的心態，處處跟我比較。

最早發覺這一點的是「夜店王子」，他閱人無數，知道我對朋友很講義氣，對這個女生也很好。有一次他忍不住罵我笨，告訴我：「她有一天打電話給我，說自己發燒不舒服，叫我開車去載她，妳知不知道？」

她不找我卻找我男友，確實有點怪怪的；但我還是替她說話，覺得她真的是身體不適，才會找他幫忙。

「她沒有其他朋友嗎？妳呀！妳不要傻傻的，遲早會吃虧。」

「她不會啦！是你想太多了！」

我相信自己的好姊妹，當然要替她說話。

我跟夜店王子分手後，有一個男生對我展開了熱烈追求，我也認真考慮是否要接受他的感情。結果，同樣的情節又再度發生，這一次，她成功把這個男生給拐走了。

她是大飯店的貴賓服務經理，我經常去那家飯店的咖啡廳，她也因此認識很多我的朋友。我後來才知道，只要我帶去的男生，她都會想盡辦法接近他們。這位被她半途「攔截」的追求者，並非第一個，難怪有些原本態度積極的追求者，突然之間就銷聲匿跡了。

此時我才頓悟，自己的義氣，竟然成了被人利用的傻氣！

有句話說：「敵人變成朋友，比朋友更可靠；朋友變成敵人，比敵人更危險。」

原來，她一直把我當成對手，才會一再對我身邊的男性下手，讓我感到很驚訝！甚至有種毛骨悚然的感覺。

女孩們，如果妳也遇到被假面閨密背叛的經驗，不需要太難過，不如把對方當作「渣男試紙」吧！至於那個輕易就被人搶走的男人，真的是不要也罷！

親愛的小王子

我從小就很喜歡動物，以前家裡的毛小孩都是媽媽照顧，我只負責偶爾逗弄牠們一下。每次想養毛小孩，總是被當時男友勸阻，認為我連自己都照顧不好，怎麼可能還照顧寵物？甚至還有一位前男友開玩笑地說：「喂！不要製造動保案件！」

後來發生被分手事件後，一個人心情很不好又孤單寂寞覺得冷，反正再沒人阻止我了，就決定養一隻貓咪。小王子剛到我家的時候才四個月大，是一隻毛茸茸、萌翻天的小貓咪，抱著牠軟綿綿的身體，我內心充滿悸動，我感覺到牠對我的依賴，頓時心中升起了母愛。

「小王子」是我為牠取的名字，我想把牠當作王子一般寵愛。果然，貓如其名，牠從小就不是頑皮吵鬧的個性，非常優雅又貼心，完全不會吵鬧，但是該黏人撒嬌時，會適時出現在我身邊。

牠非常聰明，有時我講電話稍微激動一點，牠就會跑過來，用手巴著我的腳，提醒我要冷靜下來。當我放鬆地坐在沙發上看電視時，牠也會跳上來，乖乖趴坐在我的大腿上。

我媽媽常說：「妳家小王子是全世界最好命的貓咪！」還說我把牠寵上天了。我心想，每個毛孩家長都把貓咪、狗狗當心肝寶貝，現在的毛小孩每一個都很好命啊！

我平常對人就很大方，對寶貝貓兒子更是花錢不手軟。牠所有吃的、用的都是我精心挑選過的。例如牠身上的純手工編織項圈、鈴鐺和名牌是由工藝師親手打造，名牌上一面是「Prince」，另一面是我的手機號碼，以防萬一走失時，有人可以跟我聯繫。

牠的碗盤，我會按照食物種類分為湯碗、零食碗、肉乾盤三種，一天三餐都有固定的乾飼料和高湯，主食還有冷凍乾縮雞肉塊，零食則是干貝或肉乾，每天還有一條肉泥當點心。

貓咪不可或缺的貓砂盆，我準備了兩個，一個用來尿尿，一個便便。下次重新裝潢房子時，我還想幫牠裝一個貓咪專用的電動沖水馬桶呢！

這是我第一次擁有自己的毛小孩，因為牠的到來，整個家都變得不一樣。

小王子在我的疼愛和照顧下，身體一直很健康。但是有一次，牠吃了我從花藝課帶回來的花草，雖然沒有毒性，但吐了好幾次，把我給嚇壞了！趕緊帶牠去看醫師。

雖然就醫過程有些曲折，一連看了三次醫師，都找不出病因。後來找到現在的主治醫師——貓博士，他是一位貓咪高手，對於病情的解說和用藥，都讓我很安心。

經由這件事，我體會到一件事：小王子只是嘔吐，我都這麼擔心，如果碰到比較嚴重的疾病，主人豈不是更焦慮？我認為動物醫療應該要有專業、透明的治療資訊，讓飼主更安心地把寶貝交給醫師。

我也注意到現有的寵物友善環境，對貓咪比較不公平，不像狗狗有專屬的寵物公園或活動空間，而且很多標榜對寵物友善的餐廳，都以有店貓為由，不歡迎顧客帶貓咪進去。

在台北，我只找到一家位在民生東路的寵物友善餐廳，可以帶小王子進去喝咖啡。店裡有五隻店貓，他們很歡迎狗狗和貓咪去玩，裡面有特製的貓咪餐和狗狗餐，還有SPA室可以幫毛小孩修指甲、整毛等，也可以做不同主題的SPA，我很喜歡這樣的幸福小天地。

因為有了小王子，讓我注意到更多貓咪的需求。貓咪都很喜歡晒太陽，我希望未來能爭取為貓咪打造的、可以晒太陽又安全性十足的友善公園，希望每一隻毛小孩，都能健康又快樂的長大！

TOP HOTEL
極

走進我的藝享世界

「只要是美的、喝的，婉鈺都很在行！」

這是朋友們對我的評語，他們知道我不是只很會喝酒，也會煮咖啡，對茶藝也有點研究。我的廚藝不錯，有很多可以招待客人的拿手菜。

當我需要整理思緒時，會為自己煮一杯咖啡。在煮咖啡的過程中，感受咖啡帶來的香氣，以及品嘗多層次風味的口感，都是一種享受。

煮咖啡是有學問的，虹吸式、手沖式、冰滴式，我都學過。不同的咖啡有不同作法，不同的咖啡豆有不同的特性，從磨豆的刻度，咖啡豆的粗細，都要講究。

VERSE

手沖咖啡看起來簡單，其實魔鬼就在細節裡，手沖的速度還有時間，都會影響它的風味。

我喜歡一個人喝咖啡，也喜歡找三五好友一起喝咖啡談心，透過喝咖啡，我也交到不少好朋友。

我和某任男友，就是因為咖啡而牽起了緣分。當時我們和一位共同朋友在一起喝咖啡，我發現他對咖啡滿有研究，因此多了一個討論的話題。每次我只要心情不好或想找人談談時，他都會在辦公室裡煮咖啡給我喝，那份溫暖和咖啡的香氣，事隔多年，我依然記得。而人生就像一杯咖啡，每個人的「人生咖啡」都是自己調製出來的，想要活出怎樣的風味，過怎樣的人生，都取決於每個步驟和細節。

在茶道中學靜心，一期一會

中式茶道著重於茶湯的滋味，主人對於茶葉比較講究，會對客人介紹茶的品種、產地、製造方法、海拔高度、年份等，例如：灌木、喬木茶、大葉、小葉，綠茶、青茶（烏龍茶）、紅茶、白茶、黃茶和黑茶；中式茶道也講究茶席，搭配茶道具與擺飾，茶席連動著茶人自身的底蘊及美學。

不同的茶葉，有各自適宜的溫度、高沖或低沖、不同材質的壺碗，都會讓茶湯呈現出不同風味，所以需要練習。初學者時常一整年就練習一支茶，只為了泡出這支茶最佳的風味。

日本茶道有很多流派，我師承裏千家，將「儀式感」演繹到極致的藝術。

我們常聽到日語「一期一會」也是出自日本茶道，在茶會時領悟到這次相會無法重來，是一輩子只有一次的相會，故賓主須各盡其誠意。在茶道以外，這個意義可推而廣之，意指希望茶主和客人能夠珍惜當下有緣一同泡茶、飲茶的相聚時光。因此，依季節和客人的身分不同，而使用不同茶具，有不同的儀式。

柳绿花红

日本茶道著重儀式感，所有奉茶刷茶的程序和茶道具擺放的精準位置都有複雜的ＳＯＰ，非常講究，一輩子都學不完。

我很喜歡日式茶道中的「和敬清寂」：

「和」：指的是大自然與人之間的和諧。

「敬」：講求主人與客人之間的互敬互謙。

「清」：是除去雜念，得到心境的清淨。

「寂」：希望品茶過程，能遠離一切塵囂。

在習茶中，我最大的收穫就是學會靜心，還有體會慢活的藝術。我喜歡專注於泡茶的過程，把那個追求速度和效率的自己暫時從繁忙的世界中抽離，讓自己沉浸在沉靜而美好的氛圍裡，感受人與人之間溫暖而有禮的互動，以及茶道帶來的醍醐味。原本雜亂的思緒也因而放慢了下來。

我喜歡細細欣賞茶具之美，因為每一件小物都是個藝術品；我認真觀察每一個細節，把每一個動作都確實做好，只為了呈現待客的誠意，泡出完美的茶湯。

一花一世界

我很喜歡花藝，學習歐式花藝已經有十年之久，中式花藝也學了四年。

一般所謂的插花，其實有花藝、花道之分。講到花藝、花道又是一門學問。

歐式花藝比較著重色彩配置、幾何構圖等，有更多創作性美感；中式花藝則依照朝代來分，因應每個朝代有不同的審美觀，呈現美感的方式不同。

我拿到花材時會先閉目靜心，想著這些花材如何構圖才著手插花。中式花藝講求線條的流暢與花朵神韻，追求意境、禪境，很講究光影、高低的穿透性，把花藝當作一幅水墨畫，在一盆盆花藝作品中，表現出疏影的概念，或是柳暗花明的意境等。

所謂「一花一世界」，一個房間、一張桌子，只要放上美麗的花卉，就會呈現出截然不同的氛圍。

我喜歡美好的事物，希望生活中充滿各式各樣的藝術和小物，研究咖啡，學習花藝和茶道，都是我打從心裡覺得開心的事情；我也收集很多咖啡杯和茶具，每一樣收藏品背後都有它的故事。

我喜歡跟大家分享我喜愛的事物，所以我的選舉活動，跟一般人不太一樣。我把活動當作朋友之間的聚會，大家可以坐在一起吃炒米粉、貢丸湯，或是在我的城市小客廳總部，辦皮雕手作、插花課等，歡迎每個人來玩，喝杯茶、喝杯咖啡，帶著自己的手作作品回家。

第一次參選市議員時，我遇見一對在橋下賣咖啡的夫妻，他們的咖啡很好喝，但不知為何生意不是很好，我就主動找他們合作。以後，每當我在公園或地方辦活動時，都會請他們把行動咖啡車開來，請大家喝咖啡。

我總覺得咖啡的香味，讓人有種幸福感，希望將這種感覺分享給更多人。

創業之路，創造美麗

上一屆市議員選舉落敗時，正好是農曆年前夕，看著身邊一群陪著我打拚十幾年、有著深厚革命情感的工作夥伴們，我實在不忍心見到他們失業；我對他們有一份責任，也捨不得讓團隊就此解散，幾經思量之後，決定自行創業。

有了創業的念頭，我就開始認真思考要做什麼？我原本想做代理威士忌進口的生意，但被朋友給好心勸阻了！他們說我之前就是被酒所害，不要再自己破壞形象，而且代理酒類商品，免不了有喝酒應酬的場合，喝多了很傷身體。

想來想去，幾個朋友不約而同地建議我做保養品，「我老婆常叫我問妳，都用什麼保養品？就賣妳平常在用的產品，女生一定會買。」

仔細想想也有道理，由我擔任產品創意總監，成立了「A Dream」這個品牌，名稱源自於我的英文名字，我相信每個人都有想讓自己更美好的夢，希望我們的產品能幫助大家實現這個夢想。

我有位小學同學的父親是頗具規模的原料代理商，有自己的生技團隊，我用了將近二十年的保養品——精華液和頂級大馬士革玫瑰油，就是他們自行研發的產品，很適合我的敏感肌膚，也滿足我對肌膚保濕的需求。他同意讓我獨家販售，於是我將這兩款保養品做為主力的商品。除了針對女性朋友的需求，我們也研發了中性的洗面乳和男士水精華，只要一瓶就可以防晒兼保溼。此外，我還代理了香氛產品。

在朋友介紹下，我認識了一位義大利首席調香師，他曾為法國的皇室貴族調香，愛馬仕、東方文華酒店，都是他的合作對象。我很喜愛他調製的精油，親身使用過一段時間，覺得非常棒。最後花了數百萬元的代理費，爭取到台灣地區的代理權。

創業不容易，但是選擇自己喜歡的產業，會給你更多勇往直前的動力。

我從小就愛美，自創品牌讓我圓了一個美夢。不過，萬事起頭難，隔行如隔山，原本以為透過網路推廣和銷售產品，會比經營實體店面輕鬆，可以省下店租、人事和通路成本。但是實際運作之後才發現，經營網路品牌一點也不比實體商店支出少，包括初期為了要打響品牌知名度，必須刊登雜誌廣告、上購物頻道等，投入了所費不貲的宣傳和行銷成本，但也讓我在這個全新的商業領域中，學習到不少新的東西。

說到保養，我經常被人稱讚皮膚好，說我是沒有毛細孔的人，問我是否有什麼保養祕訣？我的皮膚確實細緻緊實一點，而我採取的是「減法保養」原則，掌握清潔和保濕兩個重點。

當空服員那兩年，因為長時間待在機艙裡，最大的困擾就是皮膚乾燥，因此我的保養首重保濕。補充水分和油質是不同的，我非常重視保養品的選擇，要能夠把水分鎖在肌膚中才行。

另外，每天無論工作之後多麼疲倦，睡前我一定好好卸妝，把臉洗得非常乾淨。我習慣用冷水洗臉，因為冷水能讓毛細孔收縮。

我的保養品只有兩款：A Dream 的保加利亞玫瑰精油和精華液。步驟很簡單，將皮膚清潔乾淨後，先滴兩滴玫瑰精油在手心，稍微搓揉一下，用鼻子嗅聞看看。此時，彷彿一秒進入歐洲頂級玫瑰園，讓人有種幸福洋溢的感覺。

接著，使用「A Dream」的精華液，它含有第五代的頂級 EGF，這個成分原本是為了燒燙傷患者研發的，可以快速補充水分，具有鎖水功能，保濕度非常強。

我常告訴女性朋友，好好睡一個美容覺，隔天起床，摸到自己細嫩 Q 彈的肌膚，自然會擁有一整天的好心情。

有次我去上節目時，主持人對我如何維持身材感到好奇，問我有什麼撇步？我平時跑行程非常忙碌，用餐時間多半很晚，一般女性最忌諱的宵夜，是我無法避免的。但是，我小學就加入田徑隊，所以肌肉鍛鍊得很好。

也因為底子打得好，加上長期運動，即使經常大啖美食、吃宵夜，我的身材也不至於太走樣。

想要擁有大吃大喝的條件，讓心情愉快，就是養成固定運動的習慣。

首先，不妨為自己製造一個適合運動的環境。像我平常工作忙碌，實在沒時間去健身房，就在家裡放一台跑步機，每天一有空檔，就跑一下。但我不會硬性規定自己，一次要跑多久，否則容易有挫折感，很快就會放棄。

我的運動原則是持之以恆，而不是執著於時間長短，有體力時多做一些，太累的時候就少做一點，不需給自己太大的壓力。

泡澡是我一天之中最放鬆的時刻，我的體質不容易流汗，藉由泡澡出汗，可以促進新陳代謝。我會在浴缸裡加入好的精油、沐浴鹽、過期牛奶，給自己一個舒適的「護膚浴」，讓身心都得到放鬆。

身為女人，必須為自己的外表負責，為自己的美麗加分。沒有什麼事是一蹴可幾的，想讓大家看到你的美麗，就要好好照顧自己，屬於你的美麗是由自己創造的。

情字這條路

不知何時開始，「花邊新聞」、「緋聞」一詞常跟我的名字連在一起，因此很多人覺得我情史豐富。

三十年來，我總共談了六段感情，每段感情少則三年、多則十年，這樣是算「情史豐富」？

為什麼男未婚、女未嫁的正常交往，要被叫做「緋聞」呢？

其實我和大家一樣認真生活、努力工作，想要追求一份穩定幸福的感情，但是透過媒體報導和對手的渲染，許多人忽略了我在工作上、問政上的努力和表現，把一些戀愛片段拚湊剪輯成聳動的「愛情娛樂電影」。

而我的真實人生，完全是另一個版本。

年少輕狂的熾情烈愛，因為對象是知名藝人、政治人物，常被媒體拿出來炒新聞，成為別人對我的標籤。

我喜歡交朋友，但對我而言，兄弟情誼和戀人的界線分明。我的愛情觀很認真專一，一旦決定交往，就是全心全意、死心塌地付出，希望能成為對方一生的伴侶。無奈的是，過去這六段感情，都只開出燦爛的花朵，卻未能結成果實。而我的好運似乎在求學和工作上用光了，情字這條路，可說是踏遍荊棘，傷痕累累。

「夢醒時分終會看清楚，有些事永遠不必問，而有些人永遠不必等。」

在每一段充滿挫折的關係裡，我學會重新站起來；在每一個傷痕結痂後，讓我變得更勇敢，就算用青春和血淚換來的領悟，都是一種收穫。

分享我的感情血淚史，希望能給正為情所困的你一些啟發，無論遭受怎樣的挫折，都不要忘記自己是值得被愛的。不要留戀那個已經對你無心的對象，適時放手，也是戀愛中必修的學分。

如果你覺得自己的感情很悲慘，看看我的故事，也許會覺得安慰。那麼，我所受的傷，就算值得了。

Love Story 1 少女情懷總是詩

我的初戀是一位歌手，紅極一時的男子偶像團體主唱，一個陽光帥氣的熱情男孩。這段感情談了七年之久，是我最長的一段戀愛，也影響我很深。

學生時代，我們因為共同的朋友而相識，年少時大家都愛交朋友，很容易就玩在一起。他一開始就對我展開熱烈追求，但我當時只熱衷於社團活動，對談戀愛並不感興趣。可是，他非常有耐心，經常藉由各種機會約我吃飯，或是找其他朋友一起出去玩。他的用心我都看在眼裡，但整整花了三年時間，我們才從好朋友的關係，漸漸變成男女朋友。

獅子座的他個性非常直接也無敵樂觀，一根腸子通到底，從不耍心機又超級大方！牡羊座的我自然率真，心思沒那麼細膩，也沒耐心去猜測對方的想法，兩個直來直往的戀人，就這樣從懵懵懂懂的學生時期交往到進入社會，度過一段無憂無慮、單純美好的青春歲月！

後來他想從歌手轉行，我們就一起創業，成立了C2C的網路公司。

那時我天真地以為，我們是天造地設的一對，對這段感情充滿信心。我付出了百分百的信任，也對自己充滿莫名的自信，要是他失去了我，絕對找不到更好的女人。沒想到，我們最後還是無法逃過七年之癢的命運，走上分手一途！

當時，我負責北宜高速公路的工程興建，有兩年半的時間都住在石碇山區的鐵皮屋，偶爾才會回到台北的家。有一次，我臨時回家拿東西，發現門從裡面被反鎖，按電鈴又遲遲無人應門。好不容易，他終於開門了，他一臉神情慌張的樣子，讓我覺得事有蹊蹺，一進家門就到處尋找蛛絲馬跡。果不其然，我在床底下搜出了女生的內衣褲、化妝品、保養品！一看就知道他是在情急之下胡亂地把女生用品全都掃到床底下，自以為可以瞞天過海地欺騙我。

當下，我完全不敢置信，也難以接受！繼續四處翻找，結果又在送洗回來的衣物袋裡，翻出不屬於我的女性衣物，並且認出是公司裡一位小辣妹員工的，真是讓人情何以堪。

我們的洗衣費都是我支付的，這位小辣妹時常跟我借名牌包包、衣服、飾品，我都很大方地出借。我知道她是個愛慕虛榮，一心想麻雀變鳳凰的女孩，但萬萬沒想到她會近水樓台，趁著我這個老闆娘不在時，直接把老闆給搶走了。

儘管這已是陳年往事，但我到現在都還記得那個小三的模樣，回想起來仍是意氣難平。她讓我原本浪漫美好的初戀，蒙上了一層陰影，而我曾經深愛過的男子，辜負了我的信任，面對七年的感情付諸流水，讓我心痛地體會到「幻滅是成長的開始」！

但真正的成長是你願意探出頭來，不再活在自己的少女情懷裡，懂得自省和勇敢面對自己。

現在回想當時的自己，與其花時間在當疑神疑鬼的私家偵探，不如在跑步機上多走一回，或是報名一些課程來提升自己，而不是焦慮於不可掌控的事。要知道，對方一旦變了心，什麼荒唐的藉口都可以是分手的理由。

愛的領悟 Adream

多一分小心，少一分傷心。相信女人與生俱來的第六感，當妳的「小三雷達」指向某個可疑人物，還是請小心防範。但切記不要用大吵大鬧的方式處理，反而會把對方推得更遠。

Love Story 2 永遠的 No.1

我們相識時，都還是青澀的社會新鮮人，他的條件不差，雖然並非外型耀眼的帥哥，但良好的家教養成了他與眾不同的氣質。我對他沒有一見鍾情的悸動，我們之間似乎也少了一點激情的火花。不過，他的脾氣非常好，無論我如何耍大小姐脾氣，找他麻煩，他還是處處讓著我。當年的我不懂得珍惜，只是喜歡享受著被他捧在手心上寵愛的感覺。

他是在美國出生長大的ＡＢＣ，對女性很尊重，也沒有大男人主義思想。他從來不在乎我的緋聞或跟誰交往過，在他面前，我能夠全然放心地做自己。

在我心目中，他是全世界最 nice 的人，修養好得沒話說。他的家教很好，據說從小到大，母親從來沒有罵過他，就算孩子犯了錯也是好言相勸；在這樣的環境下長大，造就了他待人處事落落大方的態度。相反地，我年輕時個性很衝，脾氣更是壞得不得了，常常在餐廳裡和別人一言不合就摔筷子走人，完全不會顧及對方的面子。但他仍然對我百般包容，讓我們即使發生爭執，我也無法跟他決裂。我們的感情就這樣藕斷絲連，前前後後持續了十年之久。

他曾經擔任一家大型唱片公司的CEO，後來又自己當老闆，開了屬於自己的經紀公司。他每天開著拉風的保時捷出門，身旁自然有許多想紅的辣妹、小模，前仆後繼地接近他，想要藉此得到在演藝圈發展的機會。

射手座的他當時還年輕，也很愛玩，有時騙我說要去高雄表演，但人卻出現在台東、台南，我得知後都會第一時間趕到現場，讓他十分傻眼。有一次他說去香港出差，其實是帶了小馬子同行，但我就是有本事查出他的飛機班次，追到香港，在快捷上逮到他，讓他不得不大嘆：「我真的逃不出妳的手掌心！」

經歷了一番諜對諜的時期，他被我徹底打敗，從此對於花花世界感到厭倦，變成了一個不喝酒、每天九點半就回家的好男人。

在感情上大徹大悟之後，他從此把精力都投注在工作上，常常一進公司就嚷著：「開會了！開會了！」這句口頭禪也成為同事爭相模仿他的特徵。

現在想想，他的事業如此成功，我應該功不可沒吧！哈！

當時年輕氣盛的我，情緒控管能力比較差，有時鬧完彆扭，我會跑去他公司發飆，他的員工聽到我打電話罵人的聲音就會互相通報：「空襲警報來了！」然後紛紛走避，抱著筆電去附近的誠品辦公，等到警報解除才回來。由此可見，我以前對他是多麼跋扈又恃寵而驕。

有時他們笑著聊起這段往事，我覺得自己真的滿過分的，怎麼如此有爆發力！我問他到底是什麼事惹毛了我？他笑而不答，而我也早就忘得一乾二淨。

或許，他的笑容裡還有一絲得意吧？那些爭吵的背後，代表我曾經非常在乎他。

我對他如此不留情面，連我的父母和朋友都看不過去，紛紛指責我太囂張，提醒他不能再這樣寵壞我。甚至到了現在，只要提起他，親友們都還是忍不住替我感到惋惜，竟然把這麼好的男人給拱手讓人，覺得我人生中最大的敗筆就是跟他分手。

或許，這就是所謂的緣分吧？在不對的時間遇見對的人，注定要錯過對方。

當時的我還不想踏入婚姻，但因為他是獨生子，承擔著家中傳宗接代的期望，後來他的外婆、媽媽相繼健康出了問題，希望他能早點結婚生子。催婚的壓力實在太大，我擔心自己還扛不起成家的責任，又怕耽誤、辜負了他，只好理智地提出分手，希望他能找到更適合走入婚姻的人生伴侶。

在我的內心深處，並不是不懂得他對我的好。他總是想把世上最好的東西給我，參加我的閨密婚禮時，我們住在普吉島的 Villa，他特別為我訂了一間總統套房，那是一間唯美夢幻的玻璃屋，還有撒滿花瓣的私人游泳池，比新人的房間更高級。正因為他待我如此好，我更為他著想，希望他也能過得好。

我們之間始終保有美好而深厚的感情，就算不談戀愛，還是真心關心著對方。他後來交往的女生都會帶給我看，希望得到我的認可。在工作上，他非常認真努力，經營音樂品牌相當成功，捧紅了許多知名的創作歌手、嘻哈歌手、獨立樂團，讓我非常佩服，也從他身上學到不少經營哲學。

這個故事告訴我們，女生眼光真的要看長遠一點。我當時只想到自己還不想結婚，因而錯過一個這麼好的人。這一段戀情，是我經歷過最理想的一段戀情，但我卻親手畫下了休止符。慶幸的是，即使分手了，我們還能彼此祝福，至今仍是非常要好的朋友。

直到現在，只要他旗下的歌手在小巨蛋舉辦演唱會，都一定會保留最好的包廂給我。而我競選時他也情義相挺，出錢出力幫我搭舞台、提供燈光音響設備，找旗下歌手們為我造勢站台，讓我非常感動！

我們能夠變成永遠的知己，真的很幸運，也很幸福。這實在是上輩子修來的福氣。

我第一次參加市議員選舉時，他商請了香港好友藝人葛民輝為我設計一款潮流風格的背心。葛民輝看出我好強的個性，為我取了個綽號「No.1」，他說我的能力不落人後，服務不落人後，美麗更是第一，「妳就是No.1來的！」

從此，他們這群朋友就叫我「No.1」。

誰說分手就不能做朋友？我跟他的情感隨著時間昇華為永遠的好朋友，珍視著這份難得的情誼，在心中為彼此保有一個特別的位置，是對方永遠的「No.1」。

回顧這段感情，我相信，過去的我已做了當時所能做的最好決定。沒有所謂遺不遺憾、後不後悔的問題。

有時候當然不免感嘆：「當初要是……」「早知道就……」，擁有自省的習慣是美德，但我們也要知道，當下的自己已拚盡全力，所以，不要用現在的你來批判從前的自己。

在人生中，注定相遇的人事物，總會在適當的時候出現。人生苦短，請好好珍惜每一段命中注定的緣分，以誠相待，真心真意地付出。

女生要把眼光放遠，不要錯過真心對妳好的人。
如果無緣成為終身伴侶，那就成為永遠的知己吧，
好好珍惜這個難得的緣分。

Love Story 3 沒能套住的訂婚鑽戒

我談過最短暫的一段戀愛，也是我唯一訂過婚的對象，是一位優秀的室內設計師，我們只交往三個月就決定閃電訂婚。

他是台北有名的富二代，也是家中的獨生子。他父親早期做成衣生意非常成功，後來轉到中國大陸去做地熱設備，而我們家是做工程的，兩家的背景實力相當，我也很受到他父親的喜愛，甚至希望中國的地熱設備交由我經營。

比我大九歲的他，以結婚為前提，主動追求我。他的家世、學識都很好，長得帥氣出眾，待人彬彬有禮，相處時也對我相當體貼呵護，簡直是真人版的白馬王子，各方面都讓人無可挑剔。

當時我是台灣高鐵的工程師，因為負責的北區工程總部在南崁，每天要搭早晨六點的交通車上班，下班再回到台北已經很累了。他為了看我，經常從台北開車到南崁，利用午休時間帶我去附近吃午餐，再開車回去。有時他會在附近晃晃，等到我下班後再開車送我回家。

那天，他說要帶我到朋友家坐坐，卻約了許多好友來。原來，他事先安排好了求婚橋段，想要給我意外驚喜。

他拿出戒指，單膝下跪向我求婚，當眾宣示非我不娶，如果我不答應的話他就要跳樓。人生中第一次碰到這樣的場景，讓我感動得熱淚盈眶，久久說不出話來……

我深情地望著他，點點頭答應了。

他是個很有品味的人，不僅訂婚戒指是價值不斐的名家鑽戒，訂婚六禮之一就是少女們夢寐以求的粉紅小 Kelly 包。所有婚禮相關的安排都是他精心策劃的，他替我訂製 Vera Wang 的婚紗，找來知名化妝師梅林和楊凡導演替我們拍攝婚紗照。我輕鬆到只需要當天出現就好，所以，每天都幸福洋溢地等待著做他最美麗的新娘。

訂下婚約後，他的哥兒們就以告別單身聚會為由，輪番請他去酒店玩。

我對於男人去酒店早已見怪不怪，我父親就曾帶我去過酒店見見世面，那些叔叔、伯伯對我說：「妳看，以後妳老公就是這個樣子！台灣的商場文化就是如此，男人應酬是難免的事，但只是逢場作戲而已，不需要大驚小怪，太小家子氣！」

他覺得我很大器，所以去酒店也會誠實以告，打電話向我交代行蹤。到了酒店，他還會把電話拿給酒店幹部，「婉鈺小姐，他在我們酒店，妳放心，我們會照顧他！」

看到他如此坦白，讓我對他更有信任感。

我們原本就住得很近，有個週末我不用上班，知道他前一晚喝了酒，一早就貼心地為他熬煮養肝茶，想讓他醒酒。我興沖沖地跑去我們預備好的新房，按電鈴卻一直沒人應門，於是我打電話給司機，司機說昨晚有安全送他回到家。

他是個很敏感的人，即使是睡夢中有電話或門鈴聲響，也會被吵醒。

我站在門口，越想越不對勁，索性就站在那裡等著！

我真的很佩服自己的耐心，八個小時過去了，到了傍晚，外出做禮拜的外傭回來，結果一打開門，就有一個女人從我身邊衝出去。看到那女人匆匆忙忙地按電梯下樓，我還來不及反應，他竟然站在離我遠遠的客廳角落，冷冷地問：「妳到底想做什麼？」

我當場目瞪口呆，腦子一片嗡嗡作響；平常犀利的口才，此時一點也派不上用場，因為那位對我溫柔體貼的未婚夫，已換了表情，瞬間變成了我不認識的陌生人。

你應該有過這樣的心情吧？生氣的時候會一直罵人、抱怨，可是一旦心死的時候，真的不知道要說什麼才能表達內心的感覺！

我直直地望著他，看著那張似曾相識的臉孔，不敢置信地搖搖頭，只能轉身回家。

我是個直腸子，無論發生什麼事都覺得可以攤開來互相討論，卻偏偏碰到了喜歡逃避現實的雙魚座男子。這位天上掉下來的白馬王子，被我抓包後就開始閃躲，不敢接電話，也不願多做解釋。

兩個承諾要攜手共度一生的人，有什麼事不能敞開心胸溝通呢？就算犯了錯也該試著取得原諒吧？他這種避而不見的態度，對我而言，比背叛更傷人。

我很清楚跟他之間已經走不下去了，只好約他父親見面，代為把訂婚鑽戒還給他，解除了我們之間的婚約。

在這段感情中，我始終得不到他的一句道歉和答案，總覺得心中有個結尚未打開，於是我喜歡追根究柢的個性又出現了。我跑去找他的哥兒們，想知道他常去的酒店在哪裡？想親眼看看他最常找的女人，到底有什麼能耐或是三頭六臂，讓他為了她迷失到放棄渴望已久的婚姻。

一開始男人之間的義氣讓他們覺得很為難，但禁不起我再三拜託、甚至不惜跪求，他們也有點不忍心，還是答應了。

我運氣滿好的，才去到第二家酒店，媽媽桑就問我：「妳是不是林某

某的女兒？」原來她曾跟我父親租過房子，當時爸爸對她很照顧，她問明來意後，立刻給了我一個忠告：「妳這個未婚夫不能嫁，台北有名的酒店小姐都跟他有一腿，妳還要嫁嗎？」

媽媽桑請出跟他熟識的紅牌小姐，我從她口中聽到很多夫婚夫的誇張行徑。她還播放錄影帶讓我看，我簡直不敢相信自己的眼睛，因為畫面中的他判若兩人。原來他平時對女生彬彬有禮，表現得非常紳士，但一到酒店就玩得很瘋，把女性當作玩物，喝醉酒後甚至發酒瘋翻桌子，完全變了一個人，疑似有雙重人格！

我是個很有自信的人，對男人總是抱持完全的信任，但卻接二連三地發現對方出軌，背叛了我，到底是怎麼回事？

這一次戀愛，短短幾個月就讓我從天堂掉到地獄，難道是老天爺在整我嗎？我的愛情運也太差了吧！

但是現在回頭想想，老天還是疼惜我的，至少讓我在婚前發現這些問題，趁早拉了我一把；倘若等到結婚後才知道他不為人知的那一面，事情不就更複雜，以後的日子也會過得更痛苦?!

女人天生敏銳的直覺或許得歸功於基因，沒有的話也沒關係，我們每個人都還有日久見人心的法寶——時間。

愛久見人心，是真的。

戀愛常常出於本能，感覺對了，有些事情真的不要太計較。關掉左腦，沉溺在你情我願的愛情泡泡裡，偶爾有苦有淚，也是自己心甘情願的，誰都不虧欠誰。

但是，請學著把時間拉長，把熱戀時的左腦喚醒，用理智的心來面對現實生活。當你們即使彼此互相折磨（你今天有忍住不對另一半翻白眼嗎？），也還是願意牽起對方的手，並肩向前走，就以一生為單位，繼續練習愛的課題吧。

愛的領悟 *Adream*

世上真有白馬王子嗎？越是看似完美的對象，
越要花時間去看清楚他的真實面貌。

夜店王子之戀

我的愛情故事會受到矚目，是因為八卦雜誌的報導，最廣為人知的就是我和「夜店王子」談戀愛。剛陷入熱戀，我們就被記者偷拍，刊出了在海灘戲水的照片，不但戀情因此曝光，我也因為一身比基尼裝扮，被形容為身材火辣的女子而聲名大噪。

據業界人士說，那些照片至今仍被視為經典！十幾年前沒有修圖技術，所以照片相當寫實。雖是偷拍，但拍得還不錯，報導描述我「大方秀出好身材」，我覺得很妙，在海邊戲水不穿比基尼，難道要穿晚禮服嗎？

我是一個工作時認真努力、求好心切的人，所以下班後很需要宣洩壓力，經常約三五好友喝點酒、聊聊天。我的酒量極好，可以喝下兩瓶威士忌也不會醉，加上個性海派，穿梭在夜店裡，十分如魚得水。

他對經營夜店很有一套，那個時期台北最夯的夜店幾乎都是他開的。當時最熱門的「ＯＤ」更是時尚潮人聚集之地，我常跟朋友去那裡喝酒，放鬆一下。

我在OD認識了他，當時我們各自有男女朋友，我對他的印象是人緣非常好，幽默又機靈，經常妙語如珠，有他在的地方，絕對不會冷場。

他在店裡總是滿場飛，所以我不覺得他對我有什麼特別的感覺，直到我因為未婚夫出軌，心情不好，去他店裡喝酒，他突然跟我說：「婉鈺啊，我跟妳說一件事。其實我很喜歡妳，也喜歡妳很久了，我知道我們的背景完全不同，可是，妳可不可以給我一個機會？」

一個剛經歷情變、內心脆弱的女人，面對如此直接的告白，看到他認真誠懇的眼神，難免心動，於是我們很自然地在一起了。

剛開始交往時真的很開心，畢竟他是藝人又經營夜店，很會製造歡樂也懂得討我歡心，是個很可愛的男朋友。但，唯一讓我不能接受的事情，就是他壓力太大時，會用在台灣屬違禁品的大麻來紓壓。他試圖說服我，這在美國是合法的，電影裡也常見呼麻的劇情，還說可以用來治病。在我聽來根本是歪理，在台灣沒有合法化，就是不行啊！

而且當他壓力太大時，很容易暴怒，跟平時的他不太一樣。他平時對我很好，但這個壞習慣讓我很不能接受（時隔多年後，他惹上「大麻煩」，也因此戒掉了），而我也願意給他一些時間改變。

我們分手的導火線，其實是另一件更讓我無法忍受的事。

當時，我是營造公司執行長，經常需要到國外出差。有一次我人在國外，他特別打電話給我：「妳什麼時候回來？我今晚要去談新的店面，妳要趕快回來喔，我很想妳……」他講到展店時特別開心，又很會甜言蜜語，所以隔天我趕快處理完工作的事情就提前返台，想要給他一個驚喜。

回到家時，他已外出拍戲，我就打開電腦，一邊上網，一邊等他回來。MSN 突然跳出一則訊息，寫到昨夜多麼纏綿、多麼開心，還提到了他們玩樂的一些細節……讓我心頭一驚，而更驚嚇的是看到那女生的名字，是一位讓我意想不到的人！

我真的百般不願意相信，我的男友竟然會跟這個女生有關係！我故作鎮靜，假裝男友繼續與她聊天對話，試圖用各種方式套話，希望找出她說謊的破綻。沒想到他果真暗地裡背著我偷吃！如果是條件好的女人也就認了，男人總是會一時鬼迷心竅，但偏偏是這種對象，讓我覺得更加不堪！

我在電腦前面氣得發抖時，一位在飯店當經理的朋友打電話給我，「婉鈺啊，我覺得應該跟妳講一下，妳男友昨天有來我們飯店開房間，後來有個女生也進去了……」經過這位目擊者的確認，我再也無法自欺欺人了。

我立刻打電話給他：「你現在立刻回家！」他不悅地說：「妳瘋了嗎？我現在正在拍戲！」我冷冷地回道：「你昨天去哪裡？你知道你的電腦沒關嗎？」

聽到這裡，他知道被我抓包了。

他知道我的個性，此時一定氣到快抓狂了。如果不處理，等我衝到拍戲現場，到時肯定會難看到他無法擺平。因此他開始哄我，要我冷靜下來，先不要生氣，他立刻趕回來。

回到家，他立刻向我懺悔，說自己是被朋友騙去的，一時擦槍走火才會和對方發生關係。但是，我已經聽不下去，無論有什麼理由，他就是做了對不起我的事，偏偏第三者又是讓我無法釋懷的對象，我氣得立刻搬離他家，兩人最終不歡而散。

這段感情雖然草草收場，但交往過程中，他獅子座的熱情，帶給了我很多快樂。因為他的好人緣，我也結交到不少朋友，至今仍維持很好的交情。

像是為民哥現在是重機店的老闆，關於機車議題，他給了我很多建議。還有小柔，這個從嘉義上來、個性獨立的小妹妹，我常幫她打扮，帶她到處玩，教她如何投資。後來她結婚之後忙於育兒，我們比較少聯絡，但她還是一直默默關心著我。

之前我推出保養品牌，她看到我在廣告中的形象照，打電話給我：「美人魚，這些照片……No No喔！」哈，對於化妝造型，我真的一點都不在行！

於是她立馬替我找了專業的化妝師、攝影師，還親自替我做造型，陪我去買衣服，呈現出最適合的樣子。

我現在的宣傳照都是請小柔做造型，她說要用專業來答謝我以前的照顧。看來，她真的長大了，我真的很欣慰，也非常感動。

談戀愛時並非只有兩人世界，分手之後，有些人就決絕地切割跟對方有關的一切，包括朋友圈，我覺得沒有必要。

我和夜店王子至今依然維持朋友關係。之前的選舉口號：「您願意！我願意，請支持李婉鈺！」就是他幫忙發想的 idea，他還特別拍了一支影片支持我，告訴大家：「婉鈺是一個很認真講義氣的人，而且很會做事，請支持她喔！」

畢竟我們曾經真心相愛過，即使在愛情的路上無法走到最後，還是可以重新做回朋友的角色。當愛走過，學習原諒，也是戀愛中的必修學分。

很多人問我：「分手之後，究竟適不適合當朋友？」這個問題的答案始終都在你的心裡。我只問你心裡過不過得去、開不開心？

我曾經一度無法釋懷，覺得自己怎麼會輸給這樣的第三者！但這世界沒有好和壞、對和錯的二分法，更別說人與人之間的關係有多麼複雜。

想和大家分享《北非諜影》裡的一句經典台詞：「你的氣質裡，藏著你曾讀過的書、走過的路、愛過的人。」

這段感情看似在慘敗中結束，重新自我對話後，我帶著前一段感情的養分，展開一段新的篇章，給予彼此最大的祝福。

愛的領悟 Adrean

當男人禁不起誘惑，做了傻事，坦白面對之後，是可以再給對方一次機會的。畢竟現在有手段的女人太多了，但僅此一次喔！

緣分真的很奇妙，這位男友跟我是個性南轅北轍的兩個人，我們在一起讓所有人跌破眼鏡，甚至被形容為「美女與野獸」的組合。

我跟他之間原本沒有任何交集，其實是家父無意間牽線而認識的。

當時他幫忙爸爸解決了一些稅務問題，我特地帶禮物去答謝他，其中一份是爸爸準備的捐款，另一份則是我親自挑選的領帶。

走進了他的辦公室，我看見滿地都是禮物，全部都沒拆封，看來他應該是難以婉拒才收下，根本不在意這些禮數。我擔心他把款項亂放，提醒他：「委員，非常感謝您，這個是我買的，這是爸爸送的，您一定要帶回家喔！」

隔天，我還特地致電提醒他，不要丟在辦公室。沒想到三天後，他突然打電話邀我去民進黨中央黨部，帶著我來到宗教部，當著我的面，把爸爸的款項全數捐贈給宗教部的主任。

這個舉動讓我對他刮目相看！我以為立委出面幫忙，事後都會接受捐款答謝，沒想到他卻直接轉手捐出去，讓我對他留下了很好的印象。

後來，他三不五時就會約我出去唱歌、吃飯。他是獅子座，我是牡羊座，兩個火象星座一拍即合，我們都喜歡熱鬧、喜歡交朋友，雖然有年齡上的差距，但台大EMBA畢業、當過律師的他溫柔、大方又博學，寫得一手好字，我們很談得來。很快地，我也發現了他對我有好感，但因為他曾經歷一段失敗的婚姻，恢復黃金單身漢的身分後，很受到女性歡迎，這一點讓我有所遲疑，觀察了一段時間後，才接受他的感情。

他對我非常疼愛，當時我在文化大學念博士班，他經常會接送我去陽明山上下課，就算當天有事，也會請司機來載我，自己反而搭車出門。他凡事都以我為優先，跟他在一起，讓我覺得很有安全感。

我欣賞他的成熟和體貼，但是不認同他喝酒和打麻將時來者不拒。生性善良的他很不擅拒絕，每次朋友約喝酒、缺牌咖，他如果有空都會參加，而且一定是他買單。剛開始，我以為他只是跟朋友搓搓家庭麻將，也算是正當社交活動，直到有一次，我發現他們賭很大，輸贏動輒上百萬，才感覺到事情不太對勁。

有位立委還帶他去一個有抽成的場子，賭客都是一擲千金。他曾因為欠某立委賭債而開出百萬支票，沒多久，居然還想賣房子！我驚覺事情大條了，絕對不能再坐視不管！

我第一次去他們常去的麻將場，是一位C小姐在東區租的房子，後來轉移陣地到另一棟別墅。除了提供這些高端賭客打麻將的場地，他們還會安排一些固定的牌咖，其中一位和我有交情的朋友，私下提醒我，千萬別讓他再去那裡，那個場子裡有些手腳不乾淨的人，一旦成為被盯上的肥羊當然會輸錢！

可惜我軟硬兼施都勸不了男友，只好直接跑去找那位C小姐，拜託她不要再揪我男友去賭，怎料到她居然回答我：「立委看的都是大錢，打小錢，他們怎麼會過癮？他們就是要打大的才會有感覺啦！我問妳喔，妳要什麼，他是不是都會買給妳？這樣就好了呀，你管他打大打小幹嘛?!」

我超傻眼的，但還是義正嚴詞地告訴她：「我再講一次，妳不要再找他去賭！」

當時的他就像是鬼迷心竅一般，怎樣都勸不聽、擋不住。可能賭徒都是這樣的心態吧，輸了想要翻盤，贏了就想贏更多。看到他沒時間吃飯也要趕去賭場，後來我直接去翻桌！

他見識到我的凶悍，開始陽奉陰違，偷偷轉移陣地到另一位立委家打麻將，以為在這群立委面前，我總不敢太囂張吧？我忍了一段時間，心想這種局總不至於會有人出老千，只要不打得太過分就好。直到發現他開出百萬支票，我實在忍無可忍，抱著被討厭的勇氣，又再次翻桌！

從此，他的野蠻女友聲名遠播，但也讓他少了很多輸錢的機會。

我跟他的這段感情談了三年多的時間，經歷過風風雨雨也沒分手。在他身邊我學到很多東西，接觸了很多理念相同的朋友，也讓我看到跟公部門接洽的實務和選民服務的方法，可說是開啟了我的政治生涯的啟蒙之路。

在民進黨選情最低迷的時候，黨內有人提出，不妨參照日本的做法，推出「美女刺客」，或許可以扳回一城！他們想到了我，於是透過男友來說服我參選。他讓我自己做決定，同時把話說得很明白：「妳好好想清楚，如果妳決定參選的話，我們就要分手了！」

「為什麼？」我很訝異，為何要做出這個選擇？他說：「因為民進黨的文化就是這樣，人家會覺得整碗都給你們全家端走！觀感不好。」

那時我完全不懂政治，反問他：「他們怎麼不說是我們全家都在為民服務呢？」他說我太天真了，社會大眾就是會這樣想，叫我自己好好想清楚，一個星期後再給他答案！

被他這樣一激，隔天我就立刻說：「我要選！」

現在回想起來有些意氣用事，但我很討厭別人物化女性，哪有因為選舉就要分手的道理?!

後來因為一些其他因素，讓我們漸行漸遠，最後也真的分手了。

多年過去，我們都在政壇奮鬥，從未交惡，偶爾遇到共同的朋友，彼此傳回來的都是正面的好話，讓我感到十分欣慰。

在這份感情中，我學會了選擇和承擔的重要。我若成為對方的伴侶，也始終是獨立自主的個體，有能力選擇、面對衝突、決定去留。在情感裡，我給出的是心力和時間，而不是交出自主權。

你是不是常聽到一句時下流行語：「小孩子才做選擇，我全部都要！」

是的！女孩們，願我們不管在什麼處境下，都不忘記捍衛自己立場的霸氣。我知道我要去哪裡，我知道這個決定必定有相對犧牲，但是，我承擔得起！

愛的領悟 Adream

戀愛時不只是讓自己討人喜歡，
為了對方好，有時也需要「被討厭的勇氣」。

Love Story 6 無言的結局

「人生有兩個悲劇，第一是想得到的得不到，第二是想得到的得到了。」

——王爾德

「我本將心向明月，奈何明月照溝渠。」

以前看見這句詩詞，總覺得，真是悲哀啊！沒想到有一天卻成了我的心情寫照，是我付出最多卻傷得最重的一段感情。

遇見這位雙魚男子時，我們都已是成熟的大人，雙方都有安定下來的共識，我也將他視為終身伴侶。收起年輕時的驕氣，我像個小女人一樣，處處以他為重，心甘情願地和他一起，為了選舉而打拚。

他是個滴酒不沾的人，不像我這般直爽海派，所以比較難打進雲林某些人際圈。因此，如果我人不在板橋，就一定是回雲林的高鐵上，替他助選，並且在各方面不餘遺力地幫他打點，經營人脈。

他跑完選舉行程通常已是半夜兩點，就會到我所在的各個友人家或是餐廳接我，支持我的同鄉和好友們即便原來的政治立場與他不同，或並不是非常欣賞他，後來也是愛屋及烏地支持他，還形容我們是一對神鵰俠侶，給予最大的祝福。

在雲林地方上，我們在一起是眾所皆知的事。

誰能料到，四年來，我以為的深厚感情，居然因為一張照片而見光死！而那張媒體斗大標題下所謂的「李婉鈺床照」，只是我們兩人穿著家居服躺在沙發上而已，根本沒什麼聳動或限制級的畫面，卻被媒體大肆渲染，見縫插針。

那個週末午後，他躺在我旁邊小睡。我一邊看電視一邊滑手機，看見很多朋友在臉書分享晒恩愛的出遊照，我一時興起，也想跟風一下。既然沒有時間出遊，就隨手自拍，放上我的私人臉書，萬萬沒想到，竟然會引起軒然大波。

那天，他打了三次以上的電話要我撤下照片。我很不服氣地反問他：「為什麼？我們男未婚女未嫁，正大光明的交往，為什麼不能ＰＯ？」或許他真的有所顧忌吧！只是當時的我實在無法理解。

面對媒體記者的追問，我的態度坦蕩蕩，他卻異常驚慌，不斷地追問我，是哪家媒體記者打來電話？他們問了什麼？叫我該怎麼說……最後他叫我不要再回應記者，等他準備好再一起出來開記者會。

我們大致上達成的共識是：「我們目前正常交往中，謝謝大家的關心！感情是私領域的事，請留給我們一些空間，未來請大家多關注我們在公共事務上的表現。」

原本以為這樣事情就可以落幕了，沒想到我在家裡等他來接我，從早上等到傍晚，等到的卻是記者的電話，問我：「男方剛剛發了聲明稿，說你們已經分手很久了，請問你要回應嗎？」

聽到記者的詢問，我感到非常錯愕，滿心疑惑地打電話給他，但他的電話卻再也打不通了，我們之間從此完・全・斷・了・線！至今，我仍然沒有從他身上得到一個答案，也不知道自己為什麼會「被分手」？我不明白的是，他為什麼可以這樣狠心地對待我？四年的感情，只用一紙聲明稿就狠狠地切割了！

有好長一段時間，我走不出來，天天足不出戶，以淚洗面。痛苦到近乎崩潰的我，只能靠安眠藥物入睡，睡到了半夜突然哭醒，醒了之後哭到睡，經歷了一段人生中最黑暗的低谷。

我百思不得其解地問自己：到底做錯了什麼？還是哪裡不符合對方的期待？是我表現得不夠好，還是他早已喜新厭舊……否則，為什麼昨天還睡在我身旁的男人，今天卻變成「早已分手很久」的前男友?!

我真的不知道他到底有什麼苦衷，必須用這麼殘忍的方式跟我分手，讓我一個人去面對媒體、面對大眾的好奇和質疑，甚至是揶揄嘲諷的眼光。更痛苦的是，我從這個一直以為會是終身伴侶的男人身上，得不到一個解釋或一句道歉。

「妳愛上的，到底是個怎樣的人？」我問自己。

還記得曾經有個和他一起工作過的女人打電話向我嗆聲：「別以為妳是他唯一的女人，妳也不會是最後一個。」

他的解釋是那位女子單戀他，他也無法干涉她的行為。我還遇過一位女性立委，開車到他家附近守株待兔，看見我們一起出門，瘋狂追車尾隨，自撞安全島，我還得幫她叫拖車來處理。

他的情緒反覆無常，有時只是一點小事不如預期，就會大發雷霆。我們曾激烈拉扯，扯掉我兩支名錶及好幾只耳環，讓我更加小心翼翼，學會避開他的地雷區。現在回想起來，真的是人財兩失，損失慘重。

他的成長過程非常辛苦，頭和肩膀都有縫過針的傷疤，有時面對我的追問，他會用撞牆，甚至狠摑自己巴掌到流血，嚇得我不敢再提起這個話題。

過去的我真的很傻，在他面前百般忍讓，即使他曾因為爭吵而多次害我受傷，或把我載到鄉間幾乎伸手不見五指的偏僻田野，叫我下車，然後把車開走，任由我一個人在黑暗中害怕無助地哭泣，我仍然不死心地愛著他。

有好長一段時間，同樣的場景出現在夢裡，在夢中我不斷吶喊，直到哭醒了才發現自己不是身在荒野，而是在空蕩蕩的房間。我擦乾眼淚，好想抱抱那個被遺棄的自己，告訴她：「不要害怕，妳沒有做錯事，不要再讓人這樣對待妳了！」

我曾經天真地以為，我是他身邊最親密的人，因為他的工作壓力很大，不習慣對外示弱，只能把壞脾氣發洩在我身上，而也只有我看得到他這一面，代表他把我當作自己人，在我面前毫無保留地做自己……我堅信只要再忍一下，溫柔地包容他，一心一意地付出，他一定會感動，一定會改變，會懂得珍惜我對他的好，然後我們就會迎向一個幸福的結局。

這就是女人對於愛情的迷思吧？總是努力替對方找各種藉口，然後陷入在自己編織的救贖者角色裡面，無法自拔。

其實，一個人沒那麼容易改變啦！我們的價值觀和愛情觀，都受到成長背景及環境的影響。這個男人早在遇見妳之前就是這樣子的，妳卻高估了自己的能耐，以為可以改變他，或期待他會為了自己而改變。抱持這種天真的想像，大多會落到和我一樣失望的下場。

如今回想過去他的行徑，或許是因為過去太辛苦，所以讓他總是處在備戰狀態，對自己的表現要求很高；由於過度在意旁人的看法，總是過得戰戰兢兢。

我們交往四年，從來沒有一起出國旅遊過。他都是因公務行程出國，平常很少休假，也沒有交代行程的習慣，常常出門後就行蹤不明，像斷了線的風箏似的。

他很在意別人的眼光，一旦牽扯到他在意的事情，也不會為了所愛的女人挺身而出。為了保有得來不易的一切和已計畫好的未來，割捨一段感情，或許也是不得不的抉擇吧！

這段真心換絕情的感情，讓我不斷責怪和否定自己，自信心也徹底被擊垮了。那段日子，我就像掉進黑暗深淵裡，看不見盡頭，每天都過得渾渾噩噩的。

我的個性一向好強，要不是因為太痛苦，也不會求助於心理醫師。因為憂鬱症藥物的副作用，讓我感到身心步調都放慢了。有一天，我警覺到如果再繼續這樣渾渾噩噩地過下去，當大家都一直在前進，只有我停滯不前，要怎麼追趕上他們呢？

這個念頭打醒了我！我不想再自暴自棄，我要用盡全力衝出這個黑暗的深淵，我要救我自己！

我替自己排滿了各式課程活動，讓自己分心來轉移注意力。我還去法鼓山打坐禪修、做早晚課。法鼓山是莊嚴肅靜之地，一進營區手機就會被收走，全程禁止說話，也不需跟任何人打招呼，可以專注於和自己相處。

在這裡，作息極為規律，每天晚上九點就寢、早上五點起床。我生平第一次細嚼慢嚥，品嘗青菜本身的滋味。那是一段自我沉澱的過程，讓我想起很多愉快的、不愉快的往事，但浮現在我的腦海中、印象深刻的，竟然是我生病開刀時的事。

我跟很多女生一樣有婦科毛病，嚴重到腹痛時在地上打滾，還時常無預警地血崩。有時是下車的瞬間，大量鮮血從我腿上流下來；有一次甚至在議會質詢完後下半身無法動彈，尷尬地等助理拿外套來遮擋。貧血暈眩的問題，讓我非常困擾，但一直沒有積極就醫，因為每天工作滿檔，根本抽不出時間來。我也擔心，若要開刀得休息好幾天，我還有好多的工作行程怎麼辦？

直到有一次大出血後，我去醫院做檢查，還等不及報告出來就又繼續去跑行程，結果醫師打電話到服務處：「叫你們議員立刻回醫院！」他說一般人動手術血紅素降到八就要輸血，我已經低到六左右，如果再降下去就有生命危險，隨時都可能休克，他實在不敢相信，我怎麼還能在外面跑行程呢？

後來醫師告訴我患有子宮肌腺症，必須開刀才行。原本我不想開刀，也靠著輸血度過了幾次危機，但這畢竟不是長久之計。每次輸血時我都有股罪惡感，覺得自己好手好腳的，卻用掉別人緊急時需要的資源而覺得難受。有一次，我因為輸血引起了過敏反應，不得不決定動手術。

我不想讓父母擔心，也不想讓朋友看見我一臉憔悴的樣子，所以沒有通知任何人，只有他知道我開刀住院的事。

在我住院的七、八天裡，他每天都到醫院照顧我，經常台北、雲林兩地奔波。有時因為中間有會務，他得從台北南下雲林再回到台北，一天之內往返兩趟，來回至少要四個小時的車程。但是無論多麼疲累，他一定會到醫院來陪我，夜晚看著他睡在病房的小沙發，彎著身軀，雙腳超出沙發大半截，累到叫不醒的畫面，我永遠也不會忘記。也因為如此，即便他後來做了多麼過分、傷害我的事，我都記得他這一份情。

這段感情究竟值得或不值得？捨得或不得不捨得？得與失之間要如何衡量？經過時間的沉澱，我終於比較明白了。現實生活中本來就充滿各種盤算考量，原來自己是被放在天秤上，在取捨之間，終究被割捨。

如果能夠純粹地去恨一個人，或許心裡會比較好過一些。但是我卻無法這樣做，畢竟我們共度的那段時光，即使帶給我的痛苦和壓力多過於甜蜜快樂，但還是有些讓我感動的事情，讓我相信彼此曾經真心愛過。

無論我們之間的關係後來如何演變，我仍然感激他曾經為我做的一切。「磨合和平衡，都建立在妳還是自己也喜歡的那個自己，偏頗了就叫做妥協和失衡。」有位朋友曾經告誡我。

愛，是因為你在意對方的感受，而彼此自發性的調整、學習，不是一方努力地退讓，也不會是另一方無限上綱的付出。

女孩們，我不能夠告訴妳，美好的愛情會是什麼模樣，因為每個人、每一段情感都是如此獨一無二。但有一件事我想提醒妳：誰都不該動搖妳懷疑自己的價值，還有妳對於快樂和滿足的定義。

失去一段感情，或許是幫助妳重新找回自己的開始。我相信所有發生的一切，都是上天最好的安排。

放手才能放過自己！
不要以為妳能輕易改變一個人，
這種不切實際的想法會把妳推入萬劫不復的深淵。

人生是自己的，沒有人可以替你貼上標籤

在好萊塢賣座電影《金髮尤物》中，由瑞絲．薇絲朋飾演的女主角艾兒，是一位浪漫又無憂無慮的千金小姐，她喜歡粉紅色，喜歡研究美妝、指甲彩繪，但為了追愛而通過甄試，進入了哈佛法學院。

一開始，她花俏亮麗的裝扮，在嚴肅的法學院顯得格格不入，被貼上「胸大無腦」、「漂亮花瓶」的標籤。其實她不只是個懂得時尚品味，喜歡把自己打扮漂亮的女孩而已。

在哈佛求學期間，她受盡學霸同學們的排擠和嘲弄，但到了實習時，她在法庭上的實戰表現，跌破了眾人的眼鏡。

她對人觀察入微，擁有豐富的生活常識，加上誠懇的溝通方式，獲得委託人的信任和友誼，最終贏得了訴訟。

有位朋友說，我在議會中就像《金髮尤物》艾兒的翻版。剛開始從政時，我常因為外表而被人誤解，很多人以為我只是好看的花瓶，沒想到我是個拚命三郎，對各樣建設工程都瞭若指掌，質詢市政問題時一定是有備而來，對人對事毫不馬虎，打破了許多人對於「美女議員」的刻板印象。

「美女議員大多是花瓶」的標籤曾經跟著我，但我用專業的問政表現和實績，證明自己不是一個沒有實力的花瓶。後來，因為「酒醉斷片」、「毆警鬧事」、「床照事件」等聳動標題，讓我登上了新聞版面，各種負面標籤又開始貼在我身上。

身為名人，我的一舉一動都被放大檢視，等著被全民公審，貼滿各種讓人意想不到的標籤。但別以為這只是名人的困擾，在社群媒體盛行的今天，網路上充斥著靠北××社團、爆料社團，人人都可能暴露在公眾眼前，一段影片、一張照片、一則貼文，就足以挑動群眾，進而影響到自己的生活。

有整理過資料的人都知道，「貼標籤」是最速成的分類方式。對人貼標籤也是如此。從小，我們就被歸類為好學生、壞學生，長大出了社會後，還有人生勝利組和魯蛇等標籤。若是到了適婚年齡仍然單身的女性，即使事業成功也過得自在，還是常會被貼上「敗犬」的標籤……或許，你也給自己貼上了各種標籤，像是我很糟、很笨、很失敗等等。

我想，每個人都曾有被貼過標籤的經驗，某些錯誤的標籤，甚至會帶給人很深的傷害和痛苦。雖然並不容易，但是讓我們試著不對別人貼標籤，好嗎？

當你想用有色眼光看待別人時，或許可以告訴自己：我不認識這個人，也許他做這件事的當下，有我們不知道的理由；也許我們看到的只是片段，聽到的只是一面之詞；即使對方真的有錯，我們又何嘗完美？有什麼資格去苛求別人呢？

一個書念得不好的人，可能在其他地方很有天分。

一個不太會賺錢的人，也許家庭經營得幸福美滿。

一個愛漂亮的女生，就一定沒內涵嗎？

過去的我，曾經走過被貼滿標籤的日子，確實並不好受；現在的我，拒絕接受別人給我的標籤。我知道自己很努力地工作，熱忱地為民服務，也認真地愛著所愛的人。

不管你對我的評價是什麼，我對自己的認識，肯定比別人知道的更多。

我也曾懷疑自己，但現在的我學會好好地檢視自己，包括優點和缺點，堅定屬於自己的價值觀。同時，我也試著去描述自己是怎樣的人，思考自己過去所做的事情，對與錯都誠實的想過一遍，然後勇敢地面對真實的自己，面對錯誤就改進，坦然接納自己。

許多人都是從媒體報導中認識我，有時候連我自己也是從那些報導中發現，這世界不是我們想像的那麼簡單。

我相信曾經跟我一樣無助、苦惱的人很多，心疼彼此的脆弱同時，我們必須學會勇敢，不必因為別人的批判否定自己；用心生活，拒絕標籤人生，「花枝有長短，春色無高下」，每一個人都能活出自我的閃亮光彩！

人生顧問 458

當全世界誤解你，更不能迷失自己！

作　　者　李婉鈺
責任編輯　沈敬家
校　　對　劉素芬
封面設計　任宥騰
內頁排版　江麗姿

總 編 輯　龔橞甄
董 事 長　趙政岷
出 版 者　時報文化出版企業股份有限公司
108019 臺北市和平西路三段二四〇號四樓
發行專線　02-2306-6842
讀者服務專線　0800-231-705・02-2304-7103
讀者服務傳真　02-2304-6858
郵撥 19344724　時報文化出版公司
信箱 10899　臺北華江橋郵局第 99 信箱
時報悅讀網　www.readingtimes.com.tw
法律顧問　理律法律事務所陳長文律師、李念祖律師
印　　刷　華展印刷（股）公司
初版一刷　2022 年 8 月 19 日
定　　價　380 元
缺頁或破損的書，請寄回更換

時報文化出版公司成立於一九七五年，
並於一九九九年股票上櫃公開發行，於
二〇〇八年脫離中時集團非屬旺中，以
「尊重智慧與創意的文化事業」為信念。

當全世界誤解你，更不能迷失自己 / 李婉鈺著. --
初版. -- 臺北市 : 時報文化出版企業股份有限公司,
2022.08
面；　公分 -- (人生顧問 ; 458)

ISBN　978-626-335-781-5(平裝)
1..CST: 自我肯定 2.CST: 自我實現

177.2　　111012332

ISBN978-626-335-781-5
Printed in Taiwan